◆ 著

具 行 业
JU HANG YE

用管理技术
SHIYONGGUANLIJISHU

山西出版传媒集团

山西经济出版社

图书在版编目（C I P）数据

模具行业实用管理技术／赵守中著. — 太原：山西经济出版社，2012.3

ISBN 978-7-80767-468-9

Ⅰ.①模… Ⅱ.①赵… Ⅲ.①模具—机械工业—工业企业管理 Ⅳ.①F407.41

中国版本图书馆 CIP 数据核字（2011）第 239853 号

模具行业实用管理技术

著　　者：赵守中
责任编辑：赵宝亮
装帧设计：王云芝
出 版 者：山西出版传媒集团·山西经济出版社
地　　址：太原市建设南路 21 号
邮　　编：030012
电　　话：0351-4922133（发行中心）
　　　　　0351-4922085（综合办）
E - m a i l：sxjjfx@163.com
　　　　　jingjahb@sxskcb.com
网　　址：www.sxjjcb.com
经 销 者：山西出版传媒集团·山西经济出版社
承 印 者：山西嘉祥印刷包装有限公司
开　　本：787mm×960mm　1/16
印　　张：13.25
字　　数：180 千字
印　　数：1-3000 册
版　　次：2012 年 3 月　第 1 版
印　　次：2012 年 3 月　第 1 次印刷
书　　号：ISBN 978-7-80767-468-9
定　　价：28.00 元

前　言

　　企业管理是一门古老且不断发展的科学,其中多数理论已成为经典,并在企业管理实践中得到充分验证。对模具行业而言,因自身特点及外部诸多因素的制约,企业管理至今尚不完善,管理水平有待提高。

　　多年以来,模具行业主要受从属性、先导性、品种繁杂、技术含量高、纯属单件生产等不利因素的影响,企业在生产经营活动中,存在着难规划、难转型、难实现现代化、难提高经济效益的严峻问题。导致企业陷入员工工资待遇低,生产经营难以为继的困境。值此中国经济腾飞之际,模具行业亦当趁势而起,奋力克服存在的困难与问题,实现企业管理及生产的现代化。

　　本人从事模具设计、制造、定额管理工作,积四十余年之经验及研究成果,针对模具行业存在的上述问题,单成此书,旨在为振兴模具行业尽棉薄之力。书中主要理论观点及管理技术,在论述过程中,本着实用及创新精神,始终恪守如下原则:

　　(1)具有独创性,不抄书报;

　　(2)具有科学依据及数理支持;

　　(3)理论联系实际,不尚玄谈;

　　(4)具有实用性、可操作性;

　　(5)书中所用个别传统观点及管理技术,重在阐发新意或强调现实意义。

　　由此可见,本书明显地具有独创性、技术性、实用性,都经过实践检验,是行之有效的。相信它对企业管理水平的提高,以及对模具行业的振兴与发展,会有所裨益。倘如此,甚感欣慰。

　　因水平所限,书中谬误与不妥处,望专家指正。

作　者

赵守中

目　录

第一章　概述 ……………………………………………… 001

一、模具行业在工业经济中的重要性 …………………… 001

二、模具行业生产经营特点 ……………………………… 002

三、模具行业生产经营的困难与问题 …………………… 003

第二章　管理要则 ………………………………………… 005

一、企业管理的重要性 …………………………………… 005

二、管理要则 ……………………………………………… 006

第三章　人才管理 ………………………………………… 010

一、岗位拔尖制 …………………………………………… 010

二、一岗双职制 …………………………………………… 011

三、强化激励机制 ………………………………………… 013

第四章　技术管理 ………………………………………… 015

一、生产工艺标准化 ……………………………………… 015

二、冲模工艺标准 ·············· 017

三、锻模工艺标准 ·············· 048

四、工艺装备专用化 ·············· 073

第五章　定额管理 ·············· 076

一、模具行业定额管理模式 ·············· 076

二、锻模技术类推定额标准的编制 ·············· 080

三、锻模工时标准 ·············· 088

四、冲模技术综合定额标准的编制 ·············· 113

五、冲模工时标准 ·············· 117

第六章　定员管理 ·············· 138

一、模具生产各工种比例的意义 ·············· 138

二、确立模具生产各工种比例的依据及方法 ·············· 139

三、模具生产各工种比例 ·············· 140

第七章　价格管理 ·············· 142

一、模具行业价格问题的症结 ·············· 142

二、锻模价格技术计算法 ·············· 143

三、冲模价格技术计算法 ·············· 161

第八章　生产管理 ·············· 169

一、模具企业生产活动中的问题及原因 ·············· 169

二、生产管理改善措施 ·············· 170

第九章 质量管理 ·········· 174

一、推行质量分级制 ·········· 174

二、模具钳工特殊责任津贴制 ·········· 176

三、力推主动售后服务 ·········· 176

第十章 综合管理 ·········· 178

一、构建和谐的企业文化 ·········· 178

二、应用科学理论优化企业管理 ·········· 180

三、实现管理现代化 ·········· 192

第十一章 发展战略 ·········· 195

一、发展中的隐患与忧虑 ·········· 195

二、发展战略 ·········· 198

参考资料 ·········· 202

后记 ·········· 203

第一章　概述

一、模具行业在工业经济中的重要性

模具是一种高质量、高效率、低消耗、低成本的先进的生产装备,尤其是它还具备生产一些结构十分复杂、灵巧的制件的独特优点,是其他加工方式无法实现的。由于这些优势,模具在汽车、拖拉机、机车、飞机等交通工具,在电机、仪表、通讯等电器设备以及生活日用品的生产方面,都得到广泛的应用。

模具生产的独特优势及广泛的用途,使模具行业成为工业经济体系中必不可少的基础环节,为促进其他行业的发展做出重要贡献。近代以来,许多经济发达的国家,由于汽车及电器产品的高度普及,促进了模具行业的迅猛发展。有资料报道,美、德、日等国家,模具工业的产值早已超过机床工业产值,可见其在工业经济中的重要地位。在我国,由于自身特点及外部诸多因素的制约,模具行业在生产经营活动中存在很多困难与问题,发展缓慢,有待国家及企业共同努力,以振兴模具行业。

总之,由于模具行业独特的不可替代的优势,有理由相信,随着改革的深入发展,模具行业必将日益显示其在工业经济中的重要性,成为前景广阔长盛不衰的行业。

二、模具行业生产经营特点

模具行业作为工业经济体系中极为重要的基础环节，在生产经营管理、技术工艺装备方面，与其他行业比较，具有诸多不同的特点。这些特点主要表现在：

（一）从属性、被动性及先导性

作为工业经济体系中的基础环节，必然是其他行业开发新产品或旧产品更新换代时，才外委加工模具。因此，模具行业受制于其他行业，使整个生产经营活动必然具有从属性、被动性。而模具生产必然先于产品生产，所以模具生产经营活动同时还具有先导性。这三个特点，是模具行业最根本的特点，它决定并派生出以下几个特点。

（二）无固定产品

模具行业服务于其他行业，因受从属性、被动性的制约，模具必然随其他行业新产品开发及旧产品更新换代而频繁变换。而且，随着经济发展及技术进步，其变换周期越来越短。由此可见，模具行业除极少数标准件外，不可能有固定产品。

（三）无固定的协作厂家

因无固定产品，生产任务只能依靠市场四处承揽订货。又因模具为耐用工具类产品，其寿命相对较长，消耗量较小。加之，受市场变化的影响，所以，模具行业很难与产品厂家建立长期固定的协作关系。

（四）模具来得急要得快

为满足客户开发新产品及更新换代，急于占领市场，增加竞争力的需求，处于被动地位的模具行业，其生产任务必然是来得急要得快。造成生产周期短，技术装备不充分，只得边准备边投产，拼人员拼设备，生产经营活动长期处于应急状态。

（五）品种繁杂

模具行业服务于其他行业,面对众多行业,众多产品,品种之繁杂可想而知。毫无疑问,模具的品种必然是异常繁杂的。

（六）纯属单件生产

模具生产因受新产品开发及更新换代频繁的影响,加之,模具寿命相对较长,模具的生产数量必然是单件的,零星的,生产过程永远具有新产品试制的性质。因此,模具生产纯属单件生产,且鲜有轮番生产的情况。

（七）工艺技术难度大、流程长

采用模具生产制件,质量好,效率高,且能满足各种复杂形状,是其他生产工艺无法相比的。因此,模具本身也必然结构复杂、精度要求高。其主件多为复杂的平面曲线和空间曲线。所以,模具制造技术难度大,工艺流程长,对设备和人员技术要求高。同时,受生产周期短、技术准备不充分的制约,在生产过程和试模过程中,返修件、补废件较多,影响了生产进度,增加了生产成本。

（八）企业经济效益低于社会效益

模具技术含量高、生产技术工艺难度大、纯属单件生产等上述特点,使企业生产成本高,经济效益差,生产经营活动举步维艰。而作为基础与先行,服务于其他行业,为其他行业的发展与繁荣做出重要贡献,其社会效益是显而易见的。

三、模具行业生产经营的困难与问题

模具行业因上述特点的制约,给生产经营活动带来很多困难与问题。主要表现为:

（一）难以实现积极的科学的发展规划

无固定产品,无固定的协作厂家,生产任务没有保障,企业没有生产主动权,难以实现积极的科学的发展规划。

(二)难以实现标准化、系列化、通用化的生产

受从属性、被动性的制约,模具难以实现标准化、系列化、通用化。模具的这种不良的技术结构形态,必然造成生产管理的低效率,高成本。

(三)难以实现规范化、现代化管理

受被动服务的影响,生产管理经常处于应急状态,难以实现规范化、现代化。

(四)难以实现均衡的生产节奏

产品来得急、要得快,生产周期短,进度快,技术准备不充分,生产过程问题多,难以实现均衡的有节奏的生产,长期处于前松后紧突击赶工的状态。

(五)难以实现低投入、高产出的经济目标

因单件生产、工艺技术难度大,关键的成型件一次成功率低,生产常常陷于试模、返修、补废,急件单打一,拼人员拼设备,高消耗、高成本、低产出、低效益的不良状态。

总之,由自身特点带来的困难与问题是模具行业在生产经营活动中必须充分认识的问题,同时要有针对性地做出合理决策及有效措施以改善经营管理。

第二章　管理要则

一、企业管理的重要性

管理与科技是经济发展的两个车轮。管理的宗旨在于合理组织生产,改善员工关系,创造经济效益。而且,由管理进步新增经济效益的幅度已超过技术进步的增幅。在西方经济学界,研究论证及统计学分析都证明了这一点。由此可见,管理对企业的重要性。

经典管理理论要求,企业必须是一个强有力的团队,上下同德,部门协调,各尽其责,不断进取,以求企业的生存与发展。谁违背了这些原则,都将惨遭淘汰。然而这只是一般的最基本的规则,仅遵此道,仍不足以保证企业的生存与发展。这是由于市场不仅有可知的规则,同时还有如政策变化、市场趋势、不正当竞争等不可知的变数,严重影响着企业的经营活动,甚至造成灾难性的后果。正如经济学家所言,市场就像一只不可抗拒的手,在冥冥之中掌控着一切经济活动。

因此,现实要求企业,尤其是模具生产企业,必须树立风险意识,把握行业特点,在企业管理方面,高瞻远瞩,随机应变,有所侧重,有所创新,方能立于不败之地。

二、管理要则

积多年经验、考察及研究,模具行业管理要则,即侧重与创新,主要在以下几个方面。

(一)以人为本

以人为本的理念古已有之,是中国优良的传统思想,早已深入人心。今天进一步倡导,并提到更加重要的位置,仍具有非常重大的意义。企业的竞争,表现在很多方面,归根结底是人才的竞争。鉴于模具行业的特点与问题,必须更加重视以人为本的理念。确实建立良好的以人为本的企业文化、企业精神。凡事以人为出发点,以人为落脚点,尊重人,关心人,凝聚人,知人善任,尽量满足员工的荣誉感及切身利益,使员工有归属感,安全感,心情舒畅地尽其所能,共创业绩。

在奉行以人为本的理念方面,日本企业做得最好。以丰田汽车厂为例,建厂伊始,便按统一规划建设公寓,生活设施一应俱全。厂方以较低价格,并以分期付款的方式供给员工住房和汽车。对员工及家庭主要成员亦极尽关心之能事,使员工无忧无虑、心存感激地忘我工作,以至员工逛街皆欣然以丰田工作服示众,并引以为自豪。可以说,这是举世公认的以人为本的企业管理模式的成功典范。

以人为本的管理模式,造就了和谐的劳资关系。在日本,当企业遭遇不测处于险境时,良好的以人为本的企业精神,同样能发挥有益的巨大作用。据媒体新闻报道,某工厂在濒临倒闭之际,员工自发救难,自愿停薪工作,并集资以助周转,直至形势好转。员工义举力挽狂澜,工厂终于起死回生。更有甚者,某银行因高层决策失误,宣告破产。董事长在发布会上痛哭流涕,引咎自责。随后却盛赞员工素质优良,技能卓越,与破产无关,并恳请同行优先聘用属下员工。如此惨状,企业仍竭尽所能关爱员工,真可谓以人为本的生动写照。

由此可见,以丰田为代表的日本以人为本的管理模式,对日本战后迅速崛起功不可没。日本的奇迹迫使西方发达国家深刻反省,一致认为以人为本的日本式管理,优于西方缺少人情味的科学管理,是中国儒家传统思想与西方科学精神的有机结合,并纷纷起而效仿。国内外许多成功企业,无不以人为本,由小而大,由弱而强。无数事例证明,以人为本是企业管理的核心,对企业的生存与发展具有决定性的作用。

以上事实,都是以人为本管理理念的成功案例,无疑值得我们深思并借鉴。

(二)彻底转变经营理念

在市场经济的大潮中,不少企业陷于困境,濒临破产。有些企业则被迫挂靠或遭兼并。模具行业同样面临着生存与发展的严峻考验。因此,模具行业一切生产经营活动必须顺应形势,转变策略。首要的就是彻底转变经营理念。

彻底转变经营理念,主要有两个方面。

1.变生产型经营为服务型经营

这种重视服务的理念,实际上就是一切使客户满意的思想。在国内外学术界、实业界早已奉为制胜法宝。著名的美国国际商用机器公司,其响彻全球的广告词就是"IBM 的宗旨就是服务","我们将以最佳的服务独步全球"。在这些理念的指导下, 美国国际商用机器公司稳步发展, 铸就其辉煌的业绩,成为全球企业之冠,成为西方经营管理最成功的典范。

由此可见,面对严峻形势,模具行业必须针对行业特点,树立服务型经营理念。要把服务看得比生产更重要,确实做到主动、快速、优质服务,一切以客户满意为原则。以最佳的服务赢得客户,赢得企业的生存与发展。

2.变专业模具生产为多种经营

变专业模具生产为多种经营,就是要拓宽思路,扬长避短,充分利用自身人才、技术、设备优势,打破行业界限,不仅生产模具,同时生产一切能生

产的产品。不仅从事生产,同时还经营与模具有关的产品,及一切力所能及的活动。

总之,模具行业必须彻底转变经营理念,抓住改革开放为企业带来的无限生机,乘势而起,奋力拼搏,以求得生存、发展与繁荣。

(三)建立长效的激励机制

随着社会生活的不断发展与提高,人们对工作的观念悄然发生变化。工作只为挣钱糊口的时代渐渐淡去。近代以来,心理学、行为科学的研究成果昭示,员工对工作的需求,从低到高,分为生理需求、安全需求、尊重需求、自我实现等多种层次。这一理论已风行全世界,且收到明显的效果。在我国,这一理论没有受到足够的重视。

因此,面对当前业已存在的社会性变化,处于困境的模具行业,在企业管理方面必须重视这一科学理论。按需求层次,从低到高,逐渐满足员工对工资报酬、和谐气氛、人格尊重、实现成就的需求。这种管理理念及方法,还必须通过制度条例,建立长效的激励机制,以防止企业管理中的随意性、随机性所产生的不利影响,用正常的机制保证满足员工由物质到精神的各种需求,以激励员工长期的工作热情。在这方面,日本企业普遍做得较好,其成功案例不胜枚举。建立长效激励机制的具体策略,将在下一章人才管理中详细论述。

总之,建立长效激励机制,无疑将使员工保持长期稳定的工作热情。因此,对模具行业来说,克服长期存在的困难与问题,从而保障企业的生存与发展,具有十分重要的意义。

(四)强化定额管理

劳动定额在企业管理科学中,属边缘学科。是企业成败的关键因素之一。它涉及产品技术、工艺装备、生产组织、企业文化、员工觉悟等多个领域,是企业管理水平、生产能力的综合反映,是现代企业非常重要的一项基础管理。其基础作用主要表现在,有效的定额管理可导引企业各项管理步入良性轨道,从而提高企业整体管理水平。所以说,能否实现有效的定额管理,是企业成败的关键因素之一。

　　正由于定额管理的重要性,具有划时代意义的定额管理的创始人泰勒被尊称为"现代管理之父"。在西方发达国家所有成功的企业,对定额管理非常重视,定额管理人员享有很高的地位及待遇。然而,遗憾的是,在我国一些企业领导看来,定额管理与企业经济效益没有直接关系。他们看不到定额管理重要的基础作用,看不到定额管理对企业管理的优化作用。因此,他们对定额管理不够重视。这是我国企业界普遍存在而又熟视无睹的现象,是一个亟待改变的误区。

　　有鉴于此,身陷困境的模具行业,必须特别重视并强化定额管理,扎实有效地搞好定额工作。以定额管理为基础,全面优化企业管理,以提高竞争能力,促进企业的生存与发展。

　　以上四条为模具行业管理要则,是企业管理方面必须侧重或创新之处。因此,首先把它作为独立的一章,扼要地加以强调,意在说明其重要性,以引起模具行业各级领导及管理人员的足够重视。

第三章　人才管理

人才对于企业的重要性,早已尽人皆知。它关乎企业的一切生产经营活动,关乎企业的生存与发展,任何企业都必须把人才管理摆在企业管理的首位。在管理要则中,本着以人为本的理念予以强调和说明。本章则针对模具行业的特点与问题,重点论述人才管理的策略与措施。

一、岗位拔尖制

企业的生存与发展,不仅需要有远见卓识的领导,还有赖于技艺精湛的团队。实践证明,一般的技术培训、工资奖励、及技术职称评定,还不足造就技艺精湛的团队。因此,有必要实行岗位拔尖人才管理制度。即工人按工种、干部按各种业务,定期考评选拔技术业务能手,并给予适当的荣誉、津贴、待遇及职务,以激励员工钻研技术业务,人人岗位成才。

为使该措施行之有效,必经使之制度化。用制度保证人才选拔的公正性、权威性、长期性。制度具体内容,可根据企业实际状况而定。如参选人的工龄、级别、资历之规定,理论实践考试,工作业绩考评,创新性技能及贡献的确认,优胜者荣誉、津贴、待遇之具体规定,卓越者授予职务的,以及选拔的年限间隔等。

岗位拔尖制的核心是它的公正性。公正性保证了所选拔人物的权威性,权威性赋予拔尖人物以感召力,使他们成为员工自觉追捧的榜样与明星,使企业在和谐的竞争中成为技艺精湛的团队,使企业在激烈的市场竞争中立于不败之地。

西方发达国家在人才管理方面,多年来一直实行白领制。他们对效忠企业多年,达到一定级别、职务,贡献卓越的员工,由蓝领提升成白领,并给予很高的名誉及待遇。其实质就是岗位拔尖制度,它对鼓励员工努力钻研技术业务、做好本职工作的作用是显而易见十分成功的,值得我们借鉴。

毫无疑问,岗位拔尖人才管理制度,突破国家专业技术职称评定的种种限制,企业为员工开创了只要努力钻研技术业务,做好本职工作,人人都可以在岗位成才的广阔前景。从而实现了稳定员工队伍,提高员工素质,造就储备各种高端人才,提高企业竞争力、创新力的目标,并增强企业可持续稳定发展的潜力。

二、一岗双职制

新中国成立之初,由于工业基础薄弱,设备性能差,数量少,专业技术水平低,及人才奇缺的状况,作为企业人才管理的措施,提倡一专多能,要求职工精通本职工作外,兼能其他技术业务。它对突破各种技术资源紧缺的制约,加快经济发展,具有十分重要的意义。随着技术的进步及经济发展,设备及技术人员紧缺的状况逐渐改善,一专多能的提法随之淡出企业管理。

然而,对模具行业来说,因生产经营特点、困难等不利因素,不仅应提倡一专多能,更应强化为一岗双职制。即强制要求员工在本职工作岗位外,还必须掌握另一种职能。其重要意义表现在以下几个方面。

(一)优化企业规模

从全面看,由于受生产经营活动从属性、被动性及生产没有主动权等特点的制约,模具行业在企业规模决策时,在生产任务与人员编制间很难找到平衡点。规模大,在生产任务不足时,人员设备闲置,造成浪费;规模小,在生

产任务充足时,人员设备不足,只得加班加点,拼人员拼设备,生产活动穷于应付,产品质量难以保证。这种两难境地是不可避免的,是行业特点决定的。

实行一岗双职制人才管理,可优化企业规模决策。也就是说,在企业规模较小或一定的情况下,以人员一岗双职的优势,使较小或一定的人员编制,以一当十地发挥其最大效能,避免任务大时加班加点、赶工突击、穷于应付的局面,化解生产现场实际存在的任务与人员间的平衡状态,保持正常良好的生产秩序,有利于保质保量地完成任务。

(二)优化生产负荷

从局部看,由于没有固定产品,品种结构不合理,在上述两难境地中,无论忙闲,人员及设备的生产负荷都存在不均衡状态。即生产忙时,并不是人人忙,处处忙,仍有闲置的人员及设备;在闲时,也非人人闲,处处闲,仍有较忙的人员及设备。这是不可避免确实存在的生产负荷不均的无序现象。

实行一岗双职制的人才管理,可以员工多能以一当十的优势,以闲济忙,化解因产品结构不合理带来的忙闲不均的无序现象,优化生产负荷,实现均衡有序的生产,从而促进保质保量完成生产任务。

(三)增强企业竞争力、创新力

实行一岗双职制,可普遍提高员工技术业务素质,使员工成为企业最宝贵最雄厚的人才资源,无疑将大大增强企业竞争力、创新力,有力地保障企业在激烈的竞争中立于不败之地,并获得稳定的发展与繁荣。

实行一岗多职制的人才管理,企业必须对员工进行定期的技术业务培训及换岗工作,以便使员工尽快获得更全面的工作技能。并且必须把它作为制度,以保证长期有效地贯彻执行。

在国外,许多企业从行为科学的角度出发,定期调换员工工作岗位,一方面可激发员工工作兴趣及工作热情,一方面使员工成为一专多能的多面手,从而提高企业生产效率。国外这些与一岗双职制相似成功的例证,当为他山之石,同样值得我们借鉴。

　　总之,一岗双职制,对模具行业来说,可平衡生产任务与人员编制的矛盾,优化企业规模;可化解忙闲不均现象,优化生产负荷,维持正常生产秩序,保证产品质量;可提高员工素质,增强企业竞争力、创新力,强有力地促进企业的生存、发展与繁荣。毫无疑问,一岗双职的人才管理,对模具行业具有非常重要的意义。

三、强化激励机制

　　当今社会已步入经济发达、文明昌盛的时代。企业员工的人生观、价值观随之也发生明显变化。对自身及企业提出更高需求,一般的工资待遇很难满足要求。因此,人才管理也必须随之改变。

　　除搞好公正合理的工资待遇外,还必须以心理学、行为科学理论为基础,借鉴国外成功的管理经验及最新研究成果。例如,企业精神的作用远胜过组织及技术的力量,满足人的精神需求远比工资待遇更重要等理念,强化激励机制,满足员工物质精神多方面的需求,以提高员工的工作热情,从而保障企业的发展与繁荣。其具体内容如下:

(一)构建良好的企业文化、企业精神

　　企业精神是企业文化的灵魂。以人为本,尊重人、关心人的良好的企业文化、企业精神,具有强大的凝聚力、催化力。它能从整体上普遍改善领导与员工的关系,孕育企业和谐的家庭伦理气氛。例如,日本很多企业能做到关心员工及主要家庭成员的健康、工作、学习,按时登门祝贺节日及生日,实实在在地帮助员工解决生活困难等等,使员工萌生感恩心、效忠心,进而激发出主人翁的责任感,与企业形成风雨同舟的利益共同体,心甘情愿地为企业忘我工作。以至于员工能主动地为企业分忧解难,如有需要,自发加班加点,常常需领导劝退才肯离去。在日本,发生游行罢工的恶性冲突是极为罕见的,成为令西方称道并公认的和谐的劳资关系的典范。

由此可见,通过构建良好的企业文化,激发出昂扬的企业精神,不仅增加了企业的凝聚力,更能催化员工的工作热情和创造力,最终转化为企业的生命力,从根本上、整体上推动、保障企业的发展与繁荣。

(二)满足精神需求

1.颁授荣誉称号

根据精神作用胜过技术、组织的力量,胜过工资待遇的影响力的理念,为弥补国家正式专业技术职称及荣誉奖励的不足,企业可根据自身需求,增设各种荣誉称号,定期考评、颁授,表彰技能高超、业绩卓著、职业道德优秀者,满足其精神需求,以激发更大的工作热情。

2.增设荣誉性待遇

对获得各种荣誉称号的员工,对其中级别较高者,可分别享受企业所设各种荣誉待遇。例如,专车接送上下班,免费午餐,免费度假,特殊津贴等。让这些员工在获得荣誉称号的同时,享有实实在在的优越感,成为全体员工追捧的明星。

(三)加重物质奖励

现行工资奖励制度,对员工激励作用明显不足。为此,企业应对贡献卓著者,以颁发高额奖金,赠送额外红利,奖赠汽车、住房等方式,加重物质奖励,确保员工长久稳定的工作热情。

确实认真执行岗位拔尖制,一岗双职制,强化激励机制的人才管理模式,无疑将使企业人才辈出,且能前移留得住,用得上,从而保障企业可持续稳定的发展与繁荣。

第四章　技术管理

一、生产工艺标准化

(一)标准化的意义及内容

标准化与通用化、系列化,通称三化。是我国较早提出的一项技术管理政策。它从根本上最大化地指导、优化产品设计、生产、使用全过程。

1.其意义及具体功能主要表现在以下几个方面

(1)简化设计过程;

(2)利于组织专业化生产;

(3)提高生产效率;

(4)保证产品质量;

(5)节约原材料及动力;

(6)降低生产成本;

(7)便于使用及维修。

2.标准化的内容主要包括以下四个方面

(1)基础资料标准;

(2)产品及零部件标准;

(3)生产工艺标准;

（4）工艺装备标准。

（二）模具行业标准化工作状况及出路

因生产经营特点的制约,模具行业标准化工作确实存在较大困难,进度缓慢。首先是模具设计标准化程度低,给模具生产带来许多困难与不便,使生产工艺难以实现标准化,必然造成生产效率低、产品质量差的状况。这些困难与问题,无疑制约了模具行业的生存与发展。面对困境,出路何在呢?通过以上分析,不难看出,造成困境的关键原因是标准化程度低。因此,根据行业特点,突破瓶颈制约,提高标准化程度,便是模具行业走出困境的必由之路。

（三）努力提高设计标准化比例

实现设计标准化最大的困难是模具行业没有生产主动权,所承揽模具图纸标准化水平普遍较低。因此,设计标准化只能在力所能及的情况下执行。其目的也只能是尽可能地提高设计标准化比例,为实现工艺标准化创造条件。

提高设计标准化比例,有两种情况,应分别采取不同措施。

（1）来图加工者,可征得对方同意后,套用国家或企业设计标准。

（2）委托设计者,可直接按有关标准设计。

通过以上措施,尽可能提高模具图纸标准化水平,为随后实现生产工艺标准化,改善生产状况,奠定良好的基础。

（四）生产工艺标准化

因模具生产工艺的设计制定工作,主动权完全在生产企业,所以实现生产工艺标准化较模具设计标准化容易。以冲模为例,生产工艺标准化分两种形式。

1.小企业综合型工艺标准

企业规模较小者,可参照冲模定额标准的形式(见第五章)。工艺标准可分为:

（1）标准件工艺标准;

（2）典型件工艺标准;

（3）成组件工艺标准;

（4）专用工艺标准。

这样制定的生产工艺标准,虽不够精细,但综合适应性强,较徒手编写的工艺卡快捷、翔实且合理。适合小型模具生产企业使用。

　　2.大中型企业典型工艺标准

　　企业规模较大者,可直接按模具零件名称分别制成典型工艺卡。如:凸模、凹模、固定板、退料板、导柱、导套等标准工艺卡。使用时可直接抽取,填写令号等少量文字即可。

　　这两种标准工艺卡,在使用时都不可避免地会遇到图纸要求与标准工艺卡不符,或其他特殊情况,只需稍加增删或修改即可。

　　总之,制定执行生产工艺标准,不仅使工艺编写快捷、详尽、准确,提高工艺文件本身的质量,且能缓解模具行业生产经营特点造成的困难,缩短生产技术准备时间,避免徒手编写工艺造成的差错,及由此而引起的停工、返工、质量事故,从而促进顺利提前完成生产任务。

　　由此可见,生产工艺标准化,对改善模具生产状况、促进企业的生存与发展,其意义是显而易见的。

二、冲模工艺标准

(一)使用说明

　　(1)首先确定该工件主要部位关键工艺类型;

　　(2)按工件名称及关键工艺类型,抽取相应的标准工艺卡;

　　(3)填写表头工件有关资料;

　　(4)填写工艺要领中余量数值等空格;

　　(5)增删工艺要领中与工件不符处。

(二)冲模生产标准工艺卡目录

　　(1)上模板　　　　　　　　　　C—1

　　(2)下模板　　　　　　　　　　C—2

　　(3)导柱　　　　　　　　　　　C—3

(4)导套 　　　　　　　　　　　C—4

(5)压入式模柄 　　　　　　　　C—5

(6)旋入式模柄 　　　　　　　　C—6

(7)联结式模柄 　　　　　　　　C—7

(8)导正销 　　　　　　　　　　C—8

(9)档料销 　　　　　　　　　　C—9

(10)卸料螺钉 　　　　　　　　　C—10

(11)圆切刀 　　　　　　　　　　C—11

(12)凸模(车磨型) 　　　　　　　C—12

(13)凸模(成磨型) 　　　　　　　C—13

(14)凸模(加长成磨型) 　　　　　C—14

(15)凹模(车磨型) 　　　　　　　C—15

(16)凹模(车磨型) 　　　　　　　C—16

(17)凹模(铣插型) 　　　　　　　C—17

(18)凹模(铣电型) 　　　　　　　C—18

(19)凹模(座镗型) 　　　　　　　C—19

(20)凸凹模(车模型) 　　　　　　C—20

(21)凸凹模(铣镗型) 　　　　　　C—21

(22)凸模固定板(单车型) 　　　　C—22

(23)凸模固定板(单镗型) 　　　　C—23

(24)凸模固定板(铣电型) 　　　　C—24

(25)凸模固定板(铣钳型) 　　　　C—25

(26)脱料板(单镗型) 　　　　　　C—26

(27)脱料板(铣电型) 　　　　　　C—27

(28)垫板(单车型) 　　　　　　　C—28

(29)垫板(单铣型) 　　　　　　　C—29

（三）冲模标准工艺卡

C-1

令　号	名　称	标 准 工 艺 卡				
	上模板					
图　号	材　料	规　格	套　数	单套件数	单件重量	

序号	工序	指定设备	定额工时	工艺要领（　　　型）	操作者	检验员
1	木			制木样,加工处单边余		
2	铸			制坯		
3	热			退火		
4	铣			上下面余		
5	铣			定位面成		
6	平磨			上下面见平		
7	钳			划全形,与下模板合焊		
8	镗			合镗导柱、导套孔至图		
9	车			车模柄孔成		
10	钳			配钻各孔		

修改记录	标　记	处　数	修 改 理 由	修改者	日　期	工艺员	日　期

印章	
指令	
备忘	

C-2

令　号		名　称	标　准　工　艺　卡						
		下模板							
图　号		材　料	规　格	套　数	单套件数	单件重量			

序号	工序	指定设备	定额工时	工艺要领（　　　　型）	操作者	检验员
1	木			制木样,加工处单边余		
2	铸			制坯		
3	热			退火		
4	铣			上下面余		
5	铣			定位面成		
6	平磨			上下面见平		
7	钳			划全形,与上模板合焊		
8	镗			合镗导柱、导套孔至图		
9	铣			漏料孔成		
10	钳			配钻各孔		

修改记录	标　记	处　数	修　改　理　由	修改者	日　期	工艺员	日　　期

印章	
指令	
备忘	

C-3

令　号		名　称	标　准　工　艺　卡				
		导　柱					
图　号		材　料	规　格	套　数	单套件数	单件重量	
序号	工序	指定设备	定额工时	工艺要领（　　　　　型）		操作者	检验员
1	锯			下料			
2	车			车全形，▽处余，其余成			
3	热			渗碳、淬硬至图			
4	外磨			▽外圆至图（允许配磨）			
修改记录	标　记	处　数	修　改　理　由		修改者	日　期	工艺员	日　期
印章								
指令								
备忘								

C-4

令　号		名　称	标 准 工 艺 卡				
		导　套					
图　号		材　料	规　格	套　数	单套件数	单件重量	

序号	工序	指定设备	定额工时	工艺要领（　　　型）	操作者	检验员
1	锯			下料		
2	车			车全形,内外圆▽余,其余成		
3	热			渗碳、淬硬至图		
4	内外磨			内外圆▽处至图(允许配磨)		

修改记录	标　记	处　数	修 改 理 由	修改者	日　期	工艺员	日　期

印章	
指令	
备忘	

C-5

令 号	名 称	标 准 工 艺 卡				
	压入式模柄					
图 号	材 料	规 格	套 数	单套件数	单件重量	

序号	工序	指定设备	定额工时	工艺要领(型)	操作者	检验员
1	锯			下料		
2	车			车全形,▽处余,其余成		
3	外磨			配磨▽处		
4	平磨			压入后下面见平		
5	钳			配装销钉		

修改记录	标 记	处 数	修 改 理 由	修改者	日 期	工艺员	日 期

印章	
指令	
备忘	

C-6

令　号	名　称	标　准　工　艺　卡					
	旋入式模柄						
图　号	材　料	规　格	套　数	单套件数	单件重量		

序号	工序	指定设备	定额工时	工艺要领（　　　型）		操作者	检验员
1	锯			下料			
2	车			车全形成			
3	铣			铣扁平面成			
4	钳			配装销钉			

修改记录	标　记	处　数	修　改　理　由	修改者	日　期	工艺员	日　期

印章	
指令	
备忘	

C-7

令 号		名 称		标 准 工 艺 卡					
		联结式模柄							
图 号		材 料	规 格	套 数	单套件数	单件重量			
序号	工序	指定设备	定额工时	工艺要领(型)				操作者	检验员
1	锯			下料					
2	车			车全形至图					
3	钳			划、钻各孔,装配后同钻销孔					
修改记录	标 记	处 数		修 改 理 由		修改者	日 期	工艺员	日 期
印章									
指令									
备忘									

C-8

令　号		名　称	标　准　工　艺　卡					
		导正销						
图　号		材　料	规　格	套　数	单套件数	单件重量		
序号	工序	指定设备	定额工时	工艺要领（　　　型）			操作者	检验员
1	锯			下料				
2	车			车全形成，▽处余，其余成				
3	热			淬硬至图				
4	外磨			▽处至图				
修改记录	标　记	处　数	修　改　理　由		修改者	日　期	工艺员	日　期
印章								
指令								
备忘								

C-9

令　号		名　称	标 准 工 艺 卡						
		挡料销							
图　号		材　料	规　格	套　数	单套件数	单件重量			

序号	工序	指定设备	定额工时	工艺要领(　　　型)	操作者	检验员
1	锯			下料		
2	车			车全形成,▽处余,其余成		
3	热			淬硬至图		
4	外磨			配磨▽处		

修改记录	标　记	处　数	修 改 理 由	修改者	日　期	工艺员	日　期

印章	
指令	
备忘	

C-10

令 号		名 称	标 准 工 艺 卡				
		卸料螺钉					
图 号		材 料	规 格	套 数	单套件数	单件重量

序号	工序	指定设备	定额工时	工艺要领（ 型）	操作者	检验员
1	锯			下料		
2	车			车全形成		
3	钳			冲内六角		
4	热			淬硬至图		

修改记录	标 记	处 数	修 改 理 由	修改者	日 期	工艺员	日 期
印章							
指令							
备忘							

C-11

令　号		名　称	**标 准 工 艺 卡**					
		圆切刀						
图　号		材　料	规　格	套　数	单套件数	单件重量		
序号	工序	指定设备	定额工时	工艺要领（　　　型）			操作者	检验员
1	锯			下料				
2	车			车全形,▽处余,其余成				
3	钳			在刃口端划一条中心线,并延伸至				
				两侧外圆				
4	铣			铣刃口,单边余				
5	热			淬硬至图				
6	外磨			▽处至图				
7	平磨			刃口至图				
修改记录	标　记	处　数	修　改　理　由		修改者	日　期	工艺员	日　期
印章								
指令								
备忘								

C-12

令　号		名　称	标 准 工 艺 卡				
		凸　模					
图　号		材　料	规　格	套　数	单套件数	单件重量	

序号	工序	指定设备	定额工时	工艺要领(车磨型)	操作者	检验员
1	锯			下料		
2	锻			制坯		
3	热			退火		
4	车			车全形,▽处余,其余成		
5	热			淬硬至图		
6	外磨			▽处至图,(允许配磨)		
7	钳			装配		
8	平磨			上下面见平		

修改记录	标　记	处　数	修　改　理　由	修改者	日　期	工艺员	日　期

印章	
指令	
备忘	

C-13

令 号		名 称	**标 准 工 艺 卡**					
		凸 模						
图 号		材 料	规 格	套 数	单套件数	单件重量		
序号	工序	指定设备	定额工时	工艺要领（成磨型）			操作者	检验员
1	锯			下料				
2	锻			制坯				
3	热			退火				
4	铣			铣六面,上下面余,四周见平				
5	平磨			上下面及相邻两侧见平				
6	钳			划全形,钻、攻螺孔				
7	铣			铣外形,单边余				
8	热			淬硬至图				
9	平磨			上下面见平				
10	成磨			外形成				
11	钳			装配				
12	平磨			上下面见平				
修改记录	标 记	处 数	修 改 理 由		修改者	日 期	工艺员	日 期
印章								
指令								
备忘								

C-14

令 号		名 称	标 准 工 艺 卡					
		凸 模						
图 号		材 料	规 格	套 数	单套件数	单件重量		
序号	工序	指定设备	定额工时	工艺要领(加长成磨型)			操作者	检验员
1	锯			下料,加电极长度				
2	锻			制坯				
3	热			退火				
4	铣			铣四面,两端面余,相邻两侧面余				
5	平磨			上下面见平				
6	钳			划全形,钻、攻螺孔				
7	铣			铣外形,单边余				
8	热			淬硬至图				
9	平磨			上下面至图				
10	成磨			外形至图				
11	电			穿孔后切去电极部分,长度余				
12	钳			装配				
13	平磨			两端面见平				
修改记录	标 记	处 数	修 改 理 由		修改者	日 期	工艺员	日 期
印章								
指令								
备忘								

C-15

令　号		名　称	标 准 工 艺 卡						
		凹　模							
图　号		材　料	规　格	套　数	单套件数	单件重量			

序号	工序	指定设备	定额工时	工艺要领（车磨型）	操作者	检验员
1	锯			下料		
2	锻			制坯		
3	热			退火		
4	车			车全形，▽处余，其余成		
5	热			淬硬至图		
6	平磨			上下面至图		
7	内外磨			内外圆▽处至图		
8	钳			装配		
9	平磨			装配后刃口见平		

修改记录	标　记	处　数	修 改 理 由	修改者	日　期	工艺员	日　期

印章	
指令	
备忘	

C-16

令 号		名 称	标 准 工 艺 卡					
		凹 模						
图 号		材 料	规 格	套 数	单套件数	单件重量		

序号	工序	指定设备	定额工时	工艺要领(车磨型)	操作者	检验员
1	锯			下料		
2	锻			制坯		
3	热			退火		
4	车			车全形,刃口余,两端余		
				其余成		
5	平磨			上下面见平		
6	钳			划、钻、攻螺孔,销孔余		
				装配后同钻、铰销孔		
7	热			淬硬至图		
8	平磨			上下面至图		
9	内磨			刃口至图		
10	钳			装配		
11	平磨			装配后刃口见平		

修改记录	标 记	处 数	修 改 理 由	修改者	日 期	工艺员	日 期

印章	
指令	
备忘	

C-17

令 号		名 称	标 准 工 艺 卡				
		凹 模				
图 号		材 料	规 格	套 数	单套件数	单件重量

序号	工序	指定设备	定额工时	工艺要领(铣插型)	操作者	检验员
1	锯			下料		
2	锻			制坯		
3	热			退火		
4	铣			上下面余		
5	铣			四周成		
6	平磨			上下面见平		
7	钳			划全形,钻、攻螺孔,销孔余		
				装配后同钻铰销孔		
8	铣			铣内形,单边余		
9	插			清角		
10	热			淬硬至图		
11	平磨			上下面至图		
12	钳			修磨内形至图		

修改记录	标 记	处 数	修 改 理 由	修改者	日 期	工艺员	日 期
印章							
指令							
备忘							

C-18

令　号		名　称	标 准 工 艺 卡					
		凹　模						
图　号		材　料	规　格	套　数	单套件数	单件重量		
序号	工序	指定设备	定额工时	工艺要领（铣电型）			操作者	检验员
1	锯			下料				
2	锻			制坯				
3	热			退火				
4	铣			上下面余				
5	铣			四周成				
6	平磨			上下面见平				
7	钳			划全形、钻、攻螺孔,销孔余				
				装配后同钻铰销孔				
8	铣			铣内形,单边余,漏料孔成				
9	热			淬硬至图				
10	平磨			上下面至图				
11	电			穿孔至图				
12	平磨			装配后刃口见平				
修改记录	标　记	处　数		修 改 理 由		修改者	日　期	工艺员　日　期
印章								
指令								
备忘								

C-19

令　号		名　称	**标 准 工 艺 卡**					
		凹　模						
图　号		材　料	规　格	套　数	单套件数	单件重量		
序号	工序	指定设备	定额工时	工艺要领（座镗型）			操作者	检验员
1	锯			下料				
2	锻			制坯				
3	热			退火				
4	铣			上下面余				
5	铣			四周成				
6	平磨			上下面见平				
7	钳			划全形,钻、攻螺孔,销孔余				
				装配后同钻、铰销孔				
8	座镗			预镗三刃口余,漏料孔成				
9	热			淬硬至图				
10	平磨			上下面见平				
11	座磨			三刃口至图				
修改记录	标　记	处　数		修　改　理　由	修改者	日　期	工艺员	日　期
印章								
指令								
备忘								

C-20

令 号		名 称	标 准 工 艺 卡					
		凸凹模						
图 号		材 料	规 格	套 数	单套件数	单件重量		

序号	工序	指定设备	定额工时	工艺要领(车磨型)	操作者	检验员
1	锯			下料		
2	锻			制坯		
3	热			退火		
4	车			车全形,▽处余,上下面余		
				,其余成		
5	平磨			上下面见平		
6	钳			划全形,钻、攻螺孔,销孔余		
				装配后同钻、铰销孔		
7	热			淬硬至图		
8	平磨			上下面见平		
9	内外磨			刃口至图		
10	钳			装配		
11	平磨			上下面至图		

修改记录	标 记	处 数	修 改 理 由	修改者	日 期	工艺员	日 期

印章	
指令	
备忘	

C-21

令 号		名 称	标 准 工 艺 卡				
		凸凹模					
图 号		材 料	规 格	套 数	单套件数	单件重量	

序号	工序	指定设备	定额工时	工艺要领（铣镗型）	操作者	检验员
1	锯			下料		
2	锻			制坯		
3	热			退火		
4	铣			铣六面,▽处余,上下面余		
5	铣			四圆角余		
6	平磨			上下面见平		
7	钳			划全形,钻、攻螺孔,销孔余		
				装配后同钻、铰销孔		
8	镗			预镗刃口余,漏料孔成		
9	热			淬硬至图		
10	平磨			上下面见平,四周成		
11	镗			刃口至图		
12	钳			四周角至图,装配		
13	平磨			装配后上下面见平		

修改记录	标 记	处 数	修 改 理 由	修改者	日 期	工艺员	日 期

印章	
指令	
备忘	

C-22

令　号		名　称	标 准 工 艺 卡						
		凸模固定板							
图　号		材　料	规　格	套　数	单套件数	单件重量			

序号	工序	指定设备	定额工时	工艺要领（单车型）	操作者	检验员
1	割			气割下料		
2	车			车全形成,上下面余		
3	平磨			上下面见平		
4	钳			划、钻、攻螺孔,销孔余		
				装配后同钻、铰销孔		
5	平磨			装配后上下面见平		

修改记录	标　记	处　数	修 改 理 由	修改者	日　期	工艺员	日　期

印章	
指令	
备忘	

C-23

令　号		名　称	标 准 工 艺 卡						
		凸模固定板							
图　号		材　料	规　格	套　数	单套件数	单件重量			
序号	工序	指定设备	定额工时	工艺要领(单镗型)			操作者	检验员	
1	割			气割下料					
2	铣			四周成					
3	铣			上下面余					
4	平磨			上下面见平					
5	钳			划全形、钻、攻螺孔成,销孔余					
				装配后同钻、铰销孔					
6	座镗			四凸模孔成					

修改记录	标　记	处　数	修 改 理 由	修改者	日　期	工艺员	日　期
印章							
指令							
备忘							

C-24

令　号	名　称	标 准 工 艺 卡						
	凸模固定板							
图　号	材　料	规　格	套　数	单套件数	单件重量			
序号	工序	指定设备	定额工时	工艺要领（铣电型）			操作者	检验员
1	割			气割下料				
2	铣			铣四周成				
3	铣			铣上下面余				
4	平磨			上下面见平				
5	钳			划全形、钻、攻螺孔，销孔余				
				装配后同钻、铰销孔				
6	铣			铣内形，单边余				
7	电			穿孔，与凸模紧配				
修改记录	标　记	处　数		修　改　理　由		修改者	日　期	工艺员　日　期
印章								
指令								
备忘								

C-25

令　号	名　称	标　准　工　艺　卡				
	凸模固定板					
图　号	材　料	规　格	套　数	单套件数	单件重量	

序号	工序	指定设备	定额工时	工艺要领（铣钳型）	操作者	检验员
1	割			气割下料		
2	铣			四周成		
3	铣			上下面余		
4	平磨			上下面见平		
5	钳			划全形,钻、攻螺孔,销孔余		
				装配后同钻、铰销孔		
6	铣			铣内形,单边余		
7	钳			配修内形,与凸模紧配		

修改记录	标　记	处　数	修　改　理　由	修改者	日　期	工艺员	日　期

印章	
指令	
备忘	

C-26

令　号		名　称	**标 准 工 艺 卡**					
		脱料板						
图　号		材　料	规　格	套　数	单套件数	单件重量		

序号	工序	指定设备	定额工时	工艺要领（单镗型）	操作者	检验员
1	割			气割下料		
2	铣			四周成		
3	铣			上下面余		
4	平磨			上下面见平		
5	钳			划全形、钻、攻螺孔		
6	座镗			三过孔成		

修改记录	标　记	处　数	修　改　理　由	修改者	日　期	工艺员	日　期
印章							
指令							
备忘							

C-27

令　号	名　称	标 准 工 艺 卡					
	脱料板						
图　号	材　料	规　格	套　数	单套件数	单件重量		

序号	工序	指定设备	定额工时	工艺要领（铣电型）	操作者	检验员
1	割			气割下料		
2	铣			四周成		
3	铣			上下面余		
4	平磨			上下面见平		
5	钳			划全形,钻、攻螺孔		
6	铣			铣内形,单边余		
7	电			电穿内形,与凸模滑配		

修改记录	标　记	处　数	修　改　理　由	修　改　者	日　期	工艺员	日　　期
印章							
指令							
备忘							

C-28

令　号	名　称	标 准 工 艺 卡					
	垫　板						
图　号	材　料	规　格	套　数	单套件数	单件重量		

序号	工序	指定设备	定额工时	工艺要领(单车型)	操作者	检验员
1	割			气割下料		
2	热			退火		
3	车			车全形成,上下面余		
4	平磨			上下面见平		
5	钳			划、钻各孔成		
6	热			淬硬至图		
7	平磨			上下面见平		

修改记录	标　记	处　数	修 改 理 由	修改者	日　期	工艺员	日　期

印章	
指令	
备忘	

C-29

令　号	名　称	标　准　工　艺　卡						
	垫　板							
图　号	材　料	规　格	套　数	单套件数	单件重量			

序号	工序	指定设备	定额工时	工艺要领(单铣型)	操作者	检验员
1	割			气割下料		
2	热			退火		
3	铣			四周成		
4	铣			上下面余		
5	平磨			上下面见平		
6	钳			划、钻各孔成		
7	热			淬硬至图		
8	平磨			上下面见平		

修改记录	标　记	处　数	修　改　理　由	修　改　者	日　期	工艺员	日　期

印章	
指令	
备忘	

三、锻模工艺标准

(一)使用说明

(1)根据锻模有无导锁、分模面类型等结构要素,对照标准工艺卡图例,抽取相应的标准工艺卡。

(2)填写表头锻模名称等有关资料。

(3)填写工艺要领中余量数值等空格。

(4)填写型腔工艺空格。

(5)增删标准工艺卡与锻模不符处。

(二)锻模生产标准工艺卡目录

(1)上平异型　　　　　D—1

(2)下平异型　　　　　D—2

(3)上凹导型　　　　　D—3

(4)下凸导型　　　　　D—4

(5)上凹 A 型　　　　　D—5

(6)下凸 A 型　　　　　D—6

(7)上凹 B 型　　　　　D—7

(8)下凸 B 型　　　　　D—8

(9)上凸圆型　　　　　D—9

(10)下凹圆型　　　　　D—10

(11)异凸型　　　　　　D—11

(12)异凹型　　　　　　D—12

(13)圆凸型　　　　　　D—13

(13)圆凹型　　　　　　D—14

（三）锻模标准工艺卡

D-1

令　号		名　称	标　准　工　艺　卡					
图　号		材　料	规　格	套　数	单套件数	单件重量		
序号	工序	指定设备	定额工时	工艺要领（上平异型）			操作者	检验员
1	锻			制坯				
2	热			退火				
3	铣			铣六面,上下面余,四周余				
4	钳			划抬孔				
5	钻			钻抬孔				
6	平磨			上下面及相邻两侧面见平				
7	钳			划全形				
8	铣			粗铣型腔,单边余				
9								
10								
11								
12	钳			粗修型腔余				
13	铣			铣飞边槽仓部、钳口至图				
14	铣			粗铣燕尾成矩形,单边余				
15	刨			刨燕尾至图				
修改记录	标　记	处　数		修　改　理　由		修改者	日　期	工艺员	日　期
印章								
指令								
备忘								

续

令　号		名　称		标　准　工　艺　卡				
图　号		材　料	规　格	套　数	单套件数	单件重量		
序号	工序	指定设备	定额工时	工艺要领(　　　型)			操作者	检验员
16	铣			铣键槽单边余				
17	热			淬火至图				
18	平磨			上下面见平				
19	钳			修型腔、燕尾、键槽至图				
20	铣			铣过桥至图				
21	钳			修光过桥、钳口、仓部,修口面圆角至图				

修改记录	标　记	处　数	修　改　理　由	修改者	日　期	工艺员	日　期

印章	
指令	
备忘	

D-2

令　号		名　称	标 准 工 艺 卡				
图　号		材　料	规　格	套　数	单套件数	单件重量	
序号	工序	指定设备	定额工时	工艺要领(下平异型)		操作者	检验员
1	锻			制坯			
2	热			退火			
3	铣			铣六面,上下面余,四周余			
4	钳			划抬孔			
5	钻			钻抬孔至图			
6	平磨			上下面及相邻两侧面见平			
7	钳			划全形			
8	铣			粗铣型腔,单边余			
9							
10							
11							
12	钳			粗修型腔余			
13	铣			铣钳口至图			
14	铣			粗铣燕尾成矩形,单边余			
15	刨			刨燕尾至图			

修改记录	标　记	处　数	修 改 理 由	修改者	日　期	工艺员	日　期

印章	
指令	
备忘	

续

令 号		名 称		**标 准 工 艺 卡**				
图 号		材 料		规 格	套 数	单套件数	单件重量	
序号	工序	指定设备	定额工时	工艺要领(型)			操作者	检验员
16	铣			铣键槽单边余				
17	热			淬火至图				
18	平磨			上下面见平				
19	钳			修型腔、燕尾、键槽至图				
20	铣			铣浅飞边至图				
21	钳			修光浅飞边、钳口,修口面圆角至图				

修改记录	标 记	处 数	修 改 理 由	修 改 者	日 期	工艺员	日 期

印章	
指令	
备忘	

D-3

令 号	名 称	标 准 工 艺 卡					
图 号	材 料	规 格	套 数	单套件数	单件重量		

序号	工序	指定设备	定额工时	工艺要领(上凹导型)	操作者	检验员
1	锻			制坯		
2	热			退火		
3	铣			铣六面,上下面余,四周余		
4	钳			划抬孔		
5	钻			钻抬孔		
6	平磨			上下面及相邻两侧面见平		
7	钳			划导锁		
8	铣			铣凹导锁,单边余		
9	钳			合修导锁至图(允许配修)		
10	铣			合铣基准角,与上下平面相互垂直		
11	平磨			合磨基准角,与上下平面相互垂直		
12	钳			划全形		
13	铣			粗铣型腔,单边余		
14						
15						

修改记录	标 记	处 数	修 改 理 由	修改者	日 期	工艺员	日 期

印章	
指令	
备忘	

续

令　号		名　称	标 准 工 艺 卡						
图　号		材　料	规　格	套　数	单套件数	单件重量			
序号	工序	指定设备	定额工时	工艺要领（　　　　型）			操作者	检验员	
16									
17	钳			粗修型腔余					
18	铣			铣飞边槽仓部、钳口至图					
19	铣			粗铣燕尾成矩形,单边余					
20	刨			刨燕尾至图					
21	铣			铣键槽单边余					
22	热			淬火至图					
23	平磨			上下面见平					
24	钳			修型腔、燕尾、键槽至图					
25	铣			铣过桥至图					
26	钳			修光过桥、钳口、仓部,修口面圆角至图					
修改记录	标　记	处　数		修 改 理 由		修改者	日　期	工艺员	日　期
印章									
指令									
备忘									

D-4

令　号		名　称	标 准 工 艺 卡						
图　号		材　料	规　格	套　数	单套件数	单件重量			
序号	工序	指定设备	定额工时	工艺要领(下凸导型)				操作者	检验员
1	锻			制坯					
2	热			退火					
3	铣			铣六面,上下面余,四周余					
4	钳			划抬孔					
5	钻			钻抬孔至图					
6	平磨			上下面及相邻两侧面见平					
7	钳			划导锁					
8	铣			铣凸导锁,单边余					
9	平磨			上模面见光					
10	钳			合修导锁至图(允许配修)					
11	铣			合铣基准角,与上下平面相互垂直					
12	平磨			合磨基准角,与上下平面相互垂直					
13	钳			划全形					
14	铣			粗铣型腔,单边余					
15									
修改记录	标　记	处　数		修 改 理 由		修改者	日　期	工艺员	日　期
印章									
指令									
备忘									

续

令 号		名 称	标 准 工 艺 卡					
图 号		材 料	规 格	套 数	单套件数	单件重量		
序号	工序	指定设备	定额工时	工艺要领(　　　　型)			操作者	检验员
16								
17								
18	钳			粗修型腔余				
19	铣			铣钳口至图				
20	铣			粗铣燕尾成矩形,单边余				
21	刨			刨燕尾至图				
22	铣			铣键槽单边余				
23	热			淬火至图				
24	平磨			上下面见平				
25	钳			修型腔、燕尾、键槽至图				
26	铣			铣浅飞边至图				
27	钳			修光浅飞边、钳口,修口面圆角至图				

修改记录	标 记	处 数	修 改 理 由	修改者	日 期	工艺员	日 期
印章							
指令							
备忘							

D-5

令　号		名　称	标　准　工　艺　卡						
图　号		材　料	规　格	套　数	单套件数	单件重量			
序号	工序	指定设备	定额工时	工艺要领(上凹 A 型)				操作者	检验员
1	锻			制坯					
2	热			退火					
3	铣			铣六面,上下面余,四周余					
4	钳			划抬孔					
5	钻			钻抬孔					
6	平磨			上下面及相邻两侧面见平					
7	钳			划分模面					
8	铣			铣分模面,单边余					
9	钳			合修分模面至图(允许配修)					
10	铣			合铣基准角,与上下面相互垂直					
11	平磨			合磨基准角,与上下面相互垂直					
12	钳			划全形					
13	铣			粗铣型腔,单边余					
14									
15									
修改记录	标　记	处　数		修 改 理 由		修改者	日　期	工艺员	日　期
印章									
指令									
备忘									

续

令　号		名　称	标　准　工　艺　卡				
图　号		材　料	规　格	套　数	单套件数	单件重量

序号	工序	指定设备	定额工时	工艺要领(　　　　　型)	操作者	检验员
16						
17	钳			粗修型腔余		
18	铣			铣飞边槽仓部、钳口至图		
19	铣			粗铣燕尾成矩形,单边余		
20	刨			刨燕尾至图		
21	铣			铣键槽单边余		
22	热			淬火至图		
23	平磨			上下面见平		
24	钳			修型腔、燕尾、键槽至图		
25	铣			铣过桥至图		
26	钳			修光过桥、钳口、仓部,修口面圆角至图		

修改记录	标　记	处　数	修　改　理　由	修改者	日　期	工艺员	日　　期

印章	
指令	
备忘	

D-6

令　号		名　称	标 准 工 艺 卡						
图　号		材　料	规　格	套　数	单套件数	单件重量			
序号	工序	指定设备	定额工时	工艺要领（下凸 A 型）				操作者	检验员
1	锻			制坯					
2	热			退火					
3	铣			铣六面,上下面余,四周余					
4	钳			划抬孔					
5	钻			钻抬孔至图					
6	平磨			上下面及相邻两侧面见平					
7	钳			划分模面					
8	铣			铣分模面,单边余					
9	平磨			上平模面见光					
10	钳			合修分模面至图（允许配修）					
11	铣			合铣基准角,与上下面相互垂直					
12	平磨			合磨基准角,与上下面相互垂直					
13	钳			划全形					
14	铣			粗铣型腔,单边余					
15									
修改记录	标　记	处　数		修 改 理 由		修改者	日　期	工艺员	日　期
印章									
指令									
备忘									

续

令 号		名 称		标 准 工 艺 卡					
图 号		材 料	规 格	套 数	单套件数	单件重量			
序号	工序	指定设备	定额工时	工艺要领(型)			操作者	检验员	
16									
17									
18	钳			粗修型腔余					
19	铣			铣钳口至图					
20	铣			粗铣燕尾成矩形,单边余					
21	刨			刨燕尾至图					
22	铣			铣键槽单边余					
23	热			淬火至图					
24	平磨			上下面见平					
25	钳			修型腔、燕尾、键槽至图					
26	铣			铣浅飞边至图					
27	钳			修光浅飞边、钳口,修口面圆角至图					
修改记录	标 记	处 数		修 改 理 由		修改者	日 期	工艺员	日 期
印章									
指令									
备忘									

D-7

令　号		名　称	标 准 工 艺 卡						
图　号		材　料	规　格	套　数	单套件数	单件重量			
序号	工序	指定设备	定额工时	工艺要领（上凹B型）			操作者	检验员
1	锻			制坯				
2	热			退火				
3	铣			铣六面,上下面余,四周余				
4	钳			划抬孔				
5	钻			钻抬孔				
6	平磨			上下面及相邻两侧面见平				
7	钳			划分模面				
8	铣			铣分模面,单边余				
9	平磨			磨底平面至图				
10	钳			合修分模面至图(允许配修)				
11	铣			合铣基准角,与上下平面相互垂直				
12	平磨			合磨基准角,与上下平面相互垂直				
13	钳			划全形				
14	铣			粗铣型腔,单边余				
15								

修改记录	标　记	处　数	修 改 理 由	修改者	日　期	工艺员	日　期

印章	
指令	
备忘	

续

令　号		名　称	**标 准 工 艺 卡**					
图　号		材　料	规　格	套　数	单套件数	单件重量		
序号	工序	指定设备	定额工时	工艺要领(　　　　型)			操作者	检验员
16								
17								
18	钳			粗修型腔余				
19	铣			铣飞边槽仓部、钳口至图				
20	铣			粗铣燕尾成矩形,单边余				
21	刨			刨燕尾至图				
22	铣			铣键槽单边余				
23	热			淬火至图				
24	平磨			上下面见平				
25	钳			修型腔、燕尾、键槽至图				
26	铣			铣过桥至图				
27	钳			修光过桥、钳口、仓部,修口面圆角至图				
修改记录	标　记	处　数		修 改 理 由		修改者	日　期	工艺员	日　期
印章								
指令								
备忘								

D-8

令 号		名 称	**标 准 工 艺 卡**					
图 号		材 料	规 格	套 数	单套件数	单件重量		
序号	工序	指定设备	定额工时	工艺要领（下凸 B 型）			操作者	检验员
1	锻			制坯				
2	热			退火				
3	铣			铣六面,上下面余,四周余				
4	钳			划抬孔				
5	钻			钻抬孔至图				
6	平磨			上下面及相邻两侧面见平				
7	钳			划分模面				
8	铣			铣分模面,单边余				
9	平磨			磨两底平面至图				
10	钳			合修分模面至图(允许配修)				
11	铣			合铣基准角,与上下面相互垂直				
12	平磨			合磨基准角,与上下面相互垂直				
13	钳			划全形				
14	铣			粗铣型腔,单边余				
15								

修改记录	标 记	处 数	修 改 理 由	修改者	日 期	工艺员	日 期

印章

指令

备忘

续

令 号		名 称	**标 准 工 艺 卡**					
图 号		材 料	规 格	套 数	单套件数	单件重量		
序号	工序	指定设备	定额工时	工艺要领(型)			操作者	检验员
16								
17								
18	钳			粗修型腔余				
19	铣			铣钳口至图				
20	铣			粗铣燕尾成矩形,单边余				
21	刨			刨燕尾至图				
22	铣			铣键槽单边余				
23	热			淬火至图				
24	平磨			上下面见平				
25	钳			修型腔、燕尾、键槽至图				
26	铣			铣浅飞边至图				
27	钳			修光浅飞边、钳口、仓部,修口面圆角至图				
修改记录	标 记	处 数		修 改 理 由		修改者	日 期	工艺员 日 期
印章								
指令								
备忘								

D-9

令　号		名　称	标　准　工　艺　卡					
图　号		材　料	规　格	套　数	单套件数	单件重量		

序号	工序	指定设备	定额工时	工艺要领(上凸圆型)	操作者	检验员
1	锻			制坯		
2	热			退火		
3	铣			铣六面,上下面余,四周余		
4	钳			划抬孔		
5	钻			钻抬孔		
6	平磨			上下面及相邻两侧面见平		
7	钳			划全形		
8	车			粗车全形,单边余		
9	钳			划钳口		
10	铣			铣钳口至图		
11	铣			粗铣燕尾成矩形,单边余		
12	刨			刨燕尾至图		
13	铣			铣键槽,单边余		
14	热			淬火至图		
15	平磨			上下面见平		

修改记录	标　记	处　数	修　改　理　由	修改者	日　期	工艺员	日　期

印章	
指令	
备忘	

续

令 号		名 称	标 准 工 艺 卡					
图 号		材 料	规 格	套 数	单套件数	单件重量		
序号	工序	指定设备	定额工时	工艺要领（ 型）			操作者	检验员
16	车			精车全形至图				
17	钳			修光钳口,修燕尾、键槽至图				
修改记录	标 记	处 数		修 改 理 由		修改者	日 期	工艺员 日 期
印章								
指令								
备忘								

D-10

令　号	名　称	标　准　工　艺　卡				
图　号	材　料	规　格	套　数	单套件数	单件重量	

序号	工序	指定设备	定额工时	工艺要领(下凹圆型)	操作者	检验员
1	锻			制坯		
2	热			退火		
3	铣			铣六面,上下面余,四周余		
4	钳			划抬孔		
5	钻			钻抬孔至图		
6	平磨			上下面及相邻两侧面见平		
7	钳			划全形		
8	车			粗车全形,单边余		
9	铣			镦粗台、钳口至图		
10	铣			粗铣燕尾成矩形、单边余		
11	刨			刨燕尾至图		
12	铣			铣键槽,单边余		
13	热			淬火至图		
14	平磨			上下面见平		
15	车			精车全形至图		

修改记录	标记	处数	修改理由	修改者	日期	工艺员	日期

印章

指令

备忘

续

令　号		名　称	标　准　工　艺　卡					
图　号		材　料	规　格	套　数	单套件数	单件重量		
序号	工序	指定设备	定额工时	工艺要领（　　　型）			操作者	检验员
16	钳			修光镦粗台,修燕尾、键槽、钳口至图				
修改记录	标　记	处　数	修　改　理　由		修改者	日　期	工艺员	日　期
印章								
指令								
备忘								

D-11

令 号		名 称	标 准 工 艺 卡				
图 号		材 料	规 格	套 数	单套件数	单件重量

序号	工序	指定设备	定额工时	工艺要领(异凸型)	操作者	检验员
1	锻			制坯		
2	热			退火		
3	铣			铣六面,上下面余,四周余		
4	钳			划抬孔		
5	钻			钻抬孔至图		
6	平磨			上下面及相邻两侧面见平		
7	钳			划全形		
8	刨			刨燕尾至图		
9	铣			铣键槽、外形,单边余		
10	钳			修外形至图		
11	钳			划型面		
12	铣			铣型面至图		
13	热			淬火至图		
14	平磨			上下面见平		
15	钳			修型面、外形、燕尾、键槽至图		

修改记录	标 记	处 数	修 改 理 由	修 改 者	日 期	工艺员	日 期

印章	
指令	
备忘	

D-12

令 号		名 称	标 准 工 艺 卡						
图 号		材 料	规 格	套 数	单套件数	单件重量			

序号	工序	指定设备	定额工时	工艺要领(异凹型)	操作者	检验员
1	锻			制坯		
2	热			退火		
3	铣			铣六面,上下面余,四周余		
4	钳			划抬孔		
5	钻			钻抬孔		
6	平磨			上下面及相邻两侧面见平		
7	钳			划全形		
8	铣			铣刃口、键槽余,四周斜台,漏料		
				孔至图		
9	刨			刨燕尾至图		
10	热			淬火至图		
11	平磨			上下面见光		
12	钳			修刃口、键槽至图,修光四周斜台		

修改记录	标 记	处 数	修 改 理 由	修改者	日 期	工艺员	日 期

印章	
指令	
备忘	

D-13

令 号		名 称	标 准 工 艺 卡				
图 号		材 料	规 格	套 数	单套件数	单件重量

序号	工序	指定设备	定额工时	工艺要领（圆凸型）	操作者	检验员
1	锻			制坯		
2	热			退火		
3	车			粗车全形余		
4	热			淬火至图		
5	车			精车全形至图		

修改记录	标 记	处 数	修 改 理 由	修改者	日 期	工艺员	日 期

印章	
指令	
备忘	

D-14

令　号		名　称	标 准 工 艺 卡					
图　号		材　料	规　格	套　数	单套件数	单件重量		

序号	工序	指定设备	定额工时	工艺要领（圆凹型）	操作者	检验员
1	锻			制坯		
2	热			退火		
3	车			粗车全形余		
4	热			淬火至图		
5	车			精车全形至图		

修改记录	标　记	处　数	修 改 理 由	修改者	日　期	工艺员	日　期

印章	
指令	
备忘	

四、工艺装备专用化

(一)工艺装备专用化的意义及内容

工艺装备专用化,是指生产过程中,基本工艺装备功能单一化配置。也就是说,生产所需各种设备,其功能都是单一的、专用的,只完成一道工序或一个操作,它属于成批大量生产企业的典型装备形式。

工艺装备专用化的意义,主要是提高生产效率,保证产品质量,降低生产成本。这是因为工艺装备专用化后,其设备更简单,刚性更优良,精度更高,操作更简单,从而实现提高效率,保证质量,降低成本。

工艺装备专用化的内容主要包括两个方面,即机床设备专用化,工卡辅具专用化。

(二)模具行业工艺装备现状及问题

模具行业受生产经营特点的影响,尤其受单件生产、品种繁多、工艺复杂的制约,实现工艺装备专用化困难重重、实属不易。企业现有机床设备,多属普通万能型,专用化水平非常低。也就是说,所用设备什么操作都能实现,什么工件都能加工,但什么也不擅长,什么也不理想。

由于专用化水平低,企业不可避免地陷于设备投资大,折旧费用多,效率低、质量差、成本高的不良状态。这种情况是模具行业普遍存在且难以摆脱的困境,它影响着模具行业的生存与发展。一方面,这是一个长期被生产经营特点困扰而熟视无睹的问题,同时,也是一个认识上的误区。

所谓误区,是指学者及管理者,只强调了单件生产企业不适宜工艺装备专用化的方面,而忽视了单件生产企业在可能的情况下,应努力提高工艺装备专用化的方面。所以,这是我们应当强调的,完全实现工装备专用化是不现实的,但创造条件,部分实现工艺装备专用化是有可能的。模具行业有一定条件的话,应努力提高工艺装备专用化水平,以促进企业的生存与发展。

总之,模具行业生产工艺装备专用化,不是适宜不适宜的问题,而是提高

到什么程度的问题。

（三）工艺装备专用化的途径

鉴于上述认识及工艺装备专用化的优势，模具行业首先应当彻底改变观念，走出误区，积极创造条件，力求提高工艺装备专用化水平。实现这一目标的途径，具体做法有两条。

1.工件的技术准备

所谓工件的技术准备，就是在不利的单件生产客观条件下，通过技术管理手段，分析工件的结构、工艺，尽量改变单件生产状况，使工件全部或部分符合批量生产的要求，为工艺装备专用化奠定基础。工件的技术准备分为三种情况：

（1）已有的符合国标的标准件

如：模板、模柄、导柱、导套等。

（2）通过归纳同类零件而成的典型件

如：板件、立方体、圆柱体、套筒类等。

（3）利用成组技术将部分工艺过程相同的工件混编为成组件

如：凸模类、凹模类、型腔类、异形类等。

通过上述技术分析处理，使工件全部或部分具备了批量生产的要素，并以此编制生产工艺，为工艺装备专用化做好工件的技术准备。

2.工艺装备的专用化

工艺装备的专用化，分为两个方面。

（1）机床专用化

机床专用化可通过下列三种方式实现。

A.购置专机

购买原产专用机床。

B.技术改造

通过技术改造，使普通机床功能单一化、专用化。如：在普通机床上置换动力头,置换简易工作台或自制简易专机。

C.万能一用

在适宜的情况下,只使用普通机床的某种功能,完成工件的某一工艺过程,机床无须做任何改动,即可实现专机化。

通过上述三种方式,可实现工艺装备专用化。如万能一用方式,以普通铣床为例,通过配置专用卡具,可使普通铣床变为铣斜面专机,铣异型件专机。

(2)工卡辅具专用化

工卡辅具是机械加工设备不可缺少的辅助装备。只有通过工卡辅具的配合,机床才能实现其功能。工卡辅具专用化,就是将其原有功能单一化,以配合专机的单一功能。

工卡辅具专用化和机床专用化一样,可通过购置、改造及万能一用方式实现。

通过上述技术管理手段,可部分实现工艺装备专用化。可使操作更简单,更省力,减轻工人劳动强度;可提高生产效率,保证产品质量;可降低生产成本,增加经济效益。毫无疑问,它对模具行业改善生产经营状况,从困境中崛起,具有一定的促进作用。

第五章　定额管理

　　鉴于定额管理的重要性,在前面管理要则中,已对定额管理予以特别的强调与说明。本章则从模具行业定额管理模式入手,重点对定额管理的核心问题,即定额标准的编制问题做非常具体的论述,具有很强的实用性及可操作性,意在帮助企业改进或编制先进合理的定额标准,提高定额管理水平,以利于企业的生存与发展。

一、模具行业定额管理模式

(一)标准编制前的定额状况及存在的问题

　　定额标准是定额管理的核心,它决定了定额工作的质量。没有一套先进合理的定额标准,定额工作必然处于较低水平,将出现一系列问题。

　　1.标准编制前的定额状况

　　标准编制前,多数企业劳动定额长期以来基本上是由工艺员用经验估工法制定的。具体做法是:

　　(1)由计划科订货人员凭经验及十分笼统的简易公式进行初估,确定总工时,并算出合同价即计划产值。

　　(2)由技术科工艺员凭经验及部分简易公式,制定工件各工序定额,并按劳资科要求,工艺定额总工时不得超过计划科初估总工时。

（3）由劳资科定额管理员根据定额报表进行定额统计汇总，并负责全厂定额的总结指导等管理工作。

2.存在的问题

因上述定额制定及管理方法欠妥，致使企业生产及管理方面存在一系列问题。主要有：

（1）初估不准，有时与计划定额相差几倍，与实际工时则悬殊更大。以初估为准计算的产品合同价相应不准，对内影响成本核算，使企业无法对经营效益做出正确评价，对外影响企业声誉，不利于企业经营活动。

（2）因初估不准，计划定额相应不准，使生产计划失去法制性，管理人员失去权威性。在生产过程中，要求补付工时太多，不可避免地发生争执与扯皮现象，延缓了生产进度，必然造成前松后紧状况。

（3）因计划定额不准，对工人的考核相应不准，致使企业工资奖励失去应有的激励作用，不利于调动工人生产积极性，从而加剧了生产前松后紧的状况。

（4）因计划定额不准，使影响生产的诸因素混淆不清，不利于发现并消除薄弱环节，阻碍了生产力的提高。

（5）准确的计划定额是企业生产能力的体现。计划定额不准，使领导者对企业生产能力心中无数，无法有效地指挥生产、管理企业、科学决策。

综上所述，由于没有执行有技术依据的计划定额，导致企业发生一系列的不良反应，严重地影响了企业的生产经营活动。

具有技术依据的计划定额是根据技术定额标准制定的。因此，解决上述问题的关键是编制先进合理的技术定额标准。

（二）模具行业定额管理的现实意义

作为一门科学，定额管理在国外已发展了百余年。经过经验管理、科学管理阶段，目前已实现微机管理，并成为工业工程学科中重要的一支。在我国，定额管理起步较晚，随着不同时期政治经济形势的变化，几起几落，尚待

完善。模具行业受上述形势及自身特点的制约,定额管理水平普遍较低。随着改革开放的深入发展,我国经济迅速崛起,相对而言,定额管理的发展则有所滞后,应引起有关部门的重视。

1.定额标准对定额管理的决定性作用

模具生产是多部门多工种密切配合、协同劳动的系统工程。劳动定额是在一定技术组织条件下,劳动消耗量的时间规范,是企业生产能力的标志,是多项管理的基础,是科学决策的依据。所以,定额管理是政策性、技术性、群众性极强的一项基础管理。

定额管理的核心是定额标准。能否实行有效的定额管理的前提,是企业是否有一套先进合理的定额标准。因此,如何确定定额标准的原理、类型、形式、水平及编制标准的具体方法,便成为模具行业亟待解决的重大课题。

先进合理的定额标准,为实现劳动定额标准化奠定了必要的基础。在配套管理适宜的情况下,认真贯彻定额标准,不仅可以提高定额工作本身的质量,并且必然引起一系列的连锁反应,使企业多项管理得到相应改善,最终使企业生产经营活动导入良性循环。所以说,定额标准对定额管理起着决定性作用,乃至对整个企业管理也有至关重要的作用。

对模具行业来说,因自身原因及外部因素形成的生产经营活动的特点,长期以来给企业带来很多困难与问题,使定额管理工作显得尤为重要。努力改善定额管理,势必成为全面提升企业管理水平的突破口。有鉴于此,模具行业必须认真应对,下大力气搞好定额管理,尤其要搞好定额标准的编制、务必达到先进合理水平。确实充分发挥定额管理在企业管理中的基础作用、促进作用,从而改善生产经营活动中长期存在的困难与问题,使模具行业从困境中崛起,这无疑具有十分重要的现实意义。

2.执行标准的直观效应

从上面的分析,可明显地看出技术定额标准在企业生产中的作用。不仅如此,根据实际情况分析,在配套管理适宜的前提下,认真贯彻定额标准,将

使企业发生一系列良性反应,最终把企业生产经营活动导入良性循环。这些良性反应,即直观效应主要表现在:

(1)利用标准的工时汇总表,可作为订货时的初估标准,进行准确的初估,大大改善初估质量。

(2)因初估准确,使生产计划相应准确,可提高生产计划的法制性及生产管理人员的权威性,从而避免生产中的拖拉扯皮现象,有利于生产的平衡性、节奏性,缓解生产的前松后紧状况。

(3)因计划定额准确,成本核算也相应准确,使之能真实地反映企业的经济效益。

(4)执行技术标准,使影响生产的诸因素泾渭分明,有利于发展并消除不利因素,从而提高生产率。

(5)因计划定额准确,对工人考核相应准确,使工资奖励能够真正发挥激励作用,有利于调动工人生产的积极性,大大促进生产的发展。

(6)技术定额标准是具有技术依据的生产能力标准。所以,贯彻标准,可使领导者心中有数地指挥生产、管理企业,实现科学决策。

总之,贯彻技术定额标准,其作用是明显而巨大的。

(三)模具行业定额管理模式

劳动定额管理发展至今,已初步形成一套较完整的模式。其主要内容有:

(1)定额管理的政策与法规;

(2)定额管理的制度与宗旨;

(3)定额管理的体制与机构;

(4)定额标准的编制与修订;

(5)定额的制定与反馈;

(6)定额的汇总与分析;

(7)定额工作的定期总结与报告。

其中,定额管理制度是基础,它规定了定额工作的框架与内容。完善的

制度可保证定额工作的顺利执行。定额标准是核心,先进合理的标准,可保证定额的质量与水平。所以,定额管理模式对定额工作具有十分重要的意义。对企业来说,具体采取何种模式,则是由企业规模、层次、产品种类、工艺技术及管理水平等生产技术组织条件决定的。因此,不可能有统一模式。

二、锻模技术类推定额标准的编制

在编制标准前,除模具行业一般特点外,还必经充分考虑锻模生产技术特点,以便在标准编制过程中,作为必不可少的依据。

(一)锻模生产技术特点

(1)外形简单规整,多为矩形;

(2)分模面复杂多变;

(3)型腔种类繁多,形状复杂;

(4)加工技术难度大,手动操作时间长;

(5)生产工艺流程长,辅助时间比例大;

(6)模具结构、生产工艺具有可比性。

上述特点,给锻模生产增加了一定困难。主要表现为型腔加工技术难度大,生产效率低。同时,又因其件数少、外形简单,但型腔具有可比性,为生产技术准备及整个管理带来有利的一面。

这些特点,对编制标准而言,有利有弊,从不同层面、不同程度上影响标准的编制。因此,必须充分考虑并满足这些特点,定额标准才有合理性、实用性。

(二)标准的编制原则

编制标准的首要问题是确定编制原则,这个原则就是理论联系实际。具体地说,编制标准应遵循下列原则:

(1)符合中央有关政策法规;

(2)符合省市上级主管部门的具体要求;

（3）适应本厂管理、生产、技术、装备等实际情况；

（4）具有良好的使用性能。

只有遵循这些原则,定额标准才能先进合理,才能满足"快、准、全"的要求。原则确定后,根据这些原则,即可确定标准的类型、形式及水平。

定额标准的编制原理,决定了标准的类型、形式及水平,决定了标准的质量,是编制标准必须首先确定的关键问题。

鉴于模具行业纯属单件生产,工艺技术复杂,经营活动具有从属性、被动性、先导性等特点,定额准标不能以简单的方式编制。这里我们只能就锻模定额标准的编制原理做简单的论述。

（三）标准的编制原理

1.编制原理

模具行业生产经营特点给标准编制造成一定困难,但锻模外形规整,型腔具有类比性的特点,又呈现有利因素。根据上述两方面的特点,采用典型类推的原理,编制锻模技术类推定额标准是比较理想的。即确定锻模典型外形规格、典型型腔、典型工艺及典型定额,推导同类锻模的定额,圆满解决了单件生产品种规格多、工艺技术复杂的难题。同时,也成功地解决了定额制定"快、全"的要求。因此,典型类推原理对锻模定额标准的编制是非常科学的、合理的。

2.前期准备

技术类推定额标准是由经验估工定额过渡发展而来的,是实践经验上升到技术理论的结果。在标准编制前,都有一个较长的技术准备过程。这个过程大致有以下几个阶段：

（1）经验类推阶段

在经验估工的基础上,建立估工档案,即把形状相似的锻模,按制造工艺基本相同的原则归类存档,供今后估工时参考。这种存档资料,实际上是一种不标准的标准。其所制定的定额,虽有差异,但不致差距大。与纯粹经

验估工比较,已有所进步,但它本质上还属于经验估工。因其有资料可供参考,故这种定额可称经验类推定额。

（2）技术类推阶段

在日益增多的经验类推定额资料的基础上,从中选取具有普遍性、代表性的锻模作为典型,通过分析计算等技术方法,准确地制定出典型锻模的定额。这种定额标准是按结构具有相似性制造工艺基本相同的原则,以典型的形式,用技术方法制定的。在使用时,以典型锻模为准,类推同类锻模的定额。因此,这种典型定额资料属于技术范畴,其所制定额可做到基本统一,且比较准确,故可称为技术类推定额。

（3）在上述基础上,参照法定的或实际测算的资料,辅之以材料、设备、工艺等简单的修正系数,这些长期积垒的资料,即构成编制锻模技术类推定额标准的必不可少的前期资料。

（四）标准的类型

根据上述典型类推原理,锻模定额标准属于同类型标准。它完全适应锻模生产技术特点,用技术手段制定锻模典型型腔定额,使同类型型腔定额也必然具有技术性。这两方面的结合,成功地解决了在无固定产品的条件下,定额制定"快、准、全"的要求。因此,这种具有技术性的同类型标准应属于技术类推定额标准。同时,因其尽可能地采用技术手段,使锻模定额具有充分的技术依据,符合国家向技术定额过渡的要求。

这种技术类推定额标准,理论联系实际,既有技术理论依据,又符合企业生产技术组织条件,具有良好的使用性。在同类型定额标准里是比较科学的、合理的,是模具行业较为理想的定额标准。

（五）标准内容

锻模技术类推定额标准分为通用系数、通用标准、专用标准、图例四大部分。主要内容有:

（1）通用修正系数

（2）锻模导锁及分模面典型结构图

（3）锤上锻模通用标准

（4）圆型锻模典型结构图

（5）圆型锻模专用标准

（6）异型终锻型腔复杂等级图例

（7）异型终锻型腔机加工标准

（8）异型终锻型腔工时与其他型腔工时系数

（9）各型腔机加工总工时与其他工序间总工时系数

（10）型腔电加工标准

（11）样板加工标准

（12）切边模工时定额标准

（13）套模工时定额标准

（14）锻模工时汇总表

总计,十二种标准,十二种系数,各种随表图例,最后附有各类锻模定额工时汇总表。

（六）标准的形式

标准的形式取决于它所表达的内容。除上述内容外,还必须包括企业实际生产技术组织条件下的图纸技术要求,生产工艺流程,生产工艺装备,生产习惯特点,锻模的规格、材料等技术参数及一切与工时定额有关的因素。因篇幅所限,以上内容仅以简洁之方式予以表达。

根据上述内容及标准应具有良好的使用性能的要求,综合考虑,首先确定表格式标准较为理想。它表达内容多,适应性强,直观明快,完全适应产品不固定、单件生产、工艺复杂的特点。

因无固定产品,定额标准只能以锻模典型结构为准,确定典型工艺,并以工序为单位计算定额,以此推及同类锻模。为使查找方便,满足"快"的要求,标准按几种典型结构工艺全过程顺序并列。这样,在查找定额时,各种结

构的锻模均可按工艺顺序摘取,使定额制定工作大为简化。以锻模各种典型结构为基础,按各种结构顺序并列制造工艺全过程,是锻模技术类推定额标准编制形式的一大特点。

所谓以锻模各种典型结构为基础,按各种结构顺序并列制造工艺全过程,就是收集各种结构的锻模,经过分析综合成几种典型,将这几种典型结构的制造工艺过程,分为通用部分和专用部分,并将专用部分按顺序并列于通用部分中。采用这种形式,大大减少了标准的表格数量,使标准具有很强的综合性。使用时详实而简便,因而增强了标准的使用性能。

从锻模生产的整个过程看,除型腔加工外,其余部分基本是相同的,所以把整个工艺过程分为通用部分和专用部分,并相应地编制成两个标准是非常合理的。相对而言,专用标准中异型锻模型腔工时定额的制定是比较困难的,主要原因是:

(1)在单件生产的情况下,型腔加工多采用机械加工工艺,其形状多为复杂的空间曲线,故其定额无法用技术手段制定。

(2)锻模的复杂等级不仅与型腔的形状有关,而且与型腔的种类和数量有关。有时只有一个型腔,有时是形状相同的几个型腔,有时则是形状不同的几个型腔,如终锻、予锻、滚压、延伸、弯曲等。型腔的种类与数量没有必然的规律性的联系。

由于这些原因,决定了型腔加工定额的制定,用简单的办法是不能解决的。但是,对于同一锻件来说,不论用几套锻模生产,换句话说,在同一套锻模上不论有几种型腔,必然有一个终锻型腔。而且,从工时消耗的角度看,各种型腔之间是有规律的。所以,根据上述情况的分析,异型标准可采用以终锻型腔为准,划分复杂等级并用测时、综合估工等方法制定定额,再用不同的系数折算其他型腔定额的方法来编制。这样,锻模技术定额标准从形式上讲,不仅有表格式的专用标准和通用标准,还必须辅之以各种折算系数。

(七)标准的编制步骤

这里简要介绍通用标准和异型终锻型腔标准编制过程的几个重要步骤。

1.通用标准的编制步骤

(1)根据设计资料及以往生产过的图纸资料,确定锻模外形规格及尺寸段。

(2)根据设计资料及以往生产过的图纸资料,确定锻模典型结构。如锁扣(即导锁)、分模面、燕尾、定位槽等。

(3)根据实际生产技术、装备、习惯及以往工艺资料,确定典型工艺,同时确定使用设备,加工部位及技术要求。

(4)设计表格式样。

(5)确定各工序基点,计算定额并圆整平衡。

(6)确定修正系数。

2.异形终锻型腔标准编制步骤

(1)根据设计资料及以往生产过的图纸资料,划分复杂等级,确定各级典型型腔(用锻件表示)并绘制图样。

(2)根据资料确定型腔规格范围及尺寸段。

(3)设计表格式样。

(4)确定各复杂等级基点,聘请技术人员、老工人分别估出机加工定额,同时采用测时法取得现场资料。

(5)计算各基点平均定额,经圆整与现场资料综合平衡后,求出其余各点定额。

(6)按(5)、(6)条方法,以终锻型腔为准(即系数为1)求出各型腔间的系数。

(7)按(5)、(6)条方法,以机加工定额为准(即系数为1)求出各工种间的系数。

(8)确定修正系数。

异型标准制定方法步骤比较复杂,其中第(6)条,终锻型腔基点机加工定额,因实测工时与估工的综合数据一般说是比较保守的,与通用标准各工序技术定额相比,工时无疑偏大,基数值较难确定。因此,必须经过对比分析,适当平衡。以我个人经验判断,将经验估工定额压缩20%~30%较为适宜。这一步骤十分必要,应根据具体情况慎重确定。

(八)标准的技术程度

以锻模通用标准为例:

总工序	35
直接套用省工步标准工序	13
利用省标准资料计算工序	12
经验估工工序	10

则,标准技术程度为 $\frac{13+12}{35} \times 100\% = 71\%$

从整个标准来衡量,锤上锻模通用标准,切边模标准,套模标准,锯加工标准,电加工标准,样板标准等,其技术程度均大了67%,属9种技术定额;在系数中有10种为技术系数,则:

该标准的技术程度为 $\frac{9+10}{12+12} \times 100\% = 79\%$

尽管该标准还存在少数经验估工标准及工序,但因其整体技术程度高达79%,基本可满足"快、准、全"的使用要求,故可称技术类推定额标准。总之,所有标准及工序尽可能采用技术方法制定,经验估工部分,均为无法测算的工序。所以,锻模技术类推定额标准在现阶段具有一定的合理性及先进性。

(九)标准的水平

锻模技术类推定额标准是根据省市上级领导的要求,依据省标的计算公式及资料编成的。省标则是以当前机械行业的实际情况,并参照其他省市的情况为基础,用技术手段制定的平均先进定额。所以,锻模技术类推定额标准的水平,也应当认为是先进的,是有技术依据的。

(十)标准与实际情况的对比

因为劳动定额标准是依据企业特定的生产技术组织条件编制的,所以定额标准也就是企业生产能力标准。因此,将标准能力与实际能力做一比较,便知二者之差距,对差距做进一步分析,便知问题之所在。以 1985 年不变价格计算,根据标准水平,生产 400×400×400(中等大小)的锻模,情况如下:

典型圆锻模每套总工时　　　　265　产值　5325 元

6 级 3 腔异型锻模每套总工时　329　产值　5645 元

两种锻模平均计算每套总工时　297　产值　5485 元

则,某厂每月应有生产能力

208×83×90%=15538 工时

可生产锻模

15538÷297=52 套

月总产值

5485×52=285220 元

实际情况是,根据统计,1985 年每月平均生产锻模 30 套,产值 168000 元。

分析上面的对比数字,不难看出,标准生产能力是现有生产能力的 1.7 倍,差距较大。但现有能力因受订货品种限制,各工种任务不均衡,16.8 万产值并非人人分担。也就是说,在考核产值的 83 人中,有一部分人因待任务或其他原因,没有完成应完的产值。再加目前定额管理及其他问题,影响了工人的生产积极性,阻碍了生产力的提高。所以,现有能力远远没有达到实有能力。鉴于上述分析,可以说,只要任务充足、品种较平衡,在目前人员、装备、技术的基础上,严格按标准定额组织生产,并加强各项配套管理,在不增

加工人正常劳动强度的情况下,由每月 30 套、16.8 万元,增加到 52 套、26 万元,是完全可能的。

通过上面的对比可知,执行先进合理的定额标准不仅可提高定额工作本身的质量,还可为领导提供决策依据,从而全面改善企业管理。

三、锻模工时标准

目录

（一）标准编制及使用说明

（二）标准字母代号及意义

（三）锻模工时标准

1.模块重量曲线

2.通用系数

3.钳加工样板标准

4.制坯及热加工标准

5.锯加工标准

6.粗铣及装卸标准

7.电加工标准

8.锻模分模面及导锁典型结构

9.锻模通用标准

10.圆形锻模型腔典型结构

11.圆形锻模专用标准

12.异型锻模典型结构

13.异型终锻型腔复杂等级

14.异型终锻型腔复杂等级图例

15.异型终锻型腔机加工标准

16.异型终锻型腔工时与其他型腔工时系数

17.各型腔机加工总工时与画线、钳修、抛光总工时系数

18.异型锻模专用标准使用说明

19.切边凸模标准

20.切过凹模标准

21.套模标准

22.装箱标准

23.锻模标准工时汇总表

(一)标准编制及使用说明

1.本标准是依据有关政策要求以及某企业实际生产技术组织条件编制，并在使用中经多次修改而成的。因此,它具有很强的实用性。

2.本标准采用工件、工艺、设备、工时定额高度综合的原则编制,以适应模具行业锻模品种繁杂、单件生产的特点。

3.标准编制以指定条件为准,无指定条件者,均以加工图纸工艺为准。标准与图纸工艺不符时,可根据具体情况,使用相关修正系数处理。

4.本标准工时计算以工件大小与设备大小相适应,工件复杂程度与操作者技术相适应为原则。

5. 因锻模生产标准工艺多未指定加工设备, 故标准中未指定加工设备者,均以小设备干小活,大设备干大活为依据

6.本标准工时计算以技术计算为主。无法计算者,以实测或经验估工辅之。

7.本标准定额工时以小时为主,工时较小者以分计,法定的需多人操作的设备则为台时。

8.为使用方便快捷,各类标准的排列顺序,不以工件及工艺分类为依据,而在按实际编制定额时,多数以工艺过程的先后顺序为原则。

9.锻模工时标准与汇总表数据稍有误差。其原因是,本标准为现行定额标准,按制度规定须每年修订一次,以适应不断变化的条件。而汇总表则用

于企业决策及经营规划,故无须按标准逐年修定。因作用与要求不同,这些误差对使用毫无影响。

10.异型锻模典型结构图例,参考《机械制造基础》,谨致谢意。

(二)标准字母代号及意义

表1　标准字母代号及意义

字母	K	G	T	E	T_装
意义	系数	重量 kg	工时、总工时	工步时间	装卸时间
字母	T	φ	D	d	L
意义	$T_工 + T_装$	直径	直径※	直径※	长度
字母	H	h	M	F	
意义	高度、厚度、深度※	高度、厚度、深度※	公制螺纹	复杂等级	

注:※表示在无图例的情况下,工件有两个以上同类尺寸时,大写字母代表较大尺寸,小写字母代表小尺寸。

(三)锻模工时标准

1.模块重量曲线

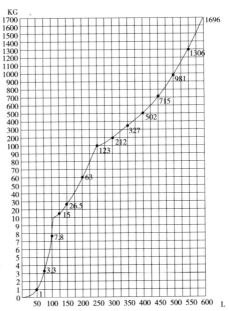

注:L为正方形模块之边长

图1　模块重量曲线

2.通用系数

表2　材料修正系数

材料	5CrNiMo	Cr12	65MN	T10A
K	1	1.7	1	1

表3　设备修正系数

指定机床	调往机床	加工内容	K	备注
飞刀铣	牛头刨	粗拉毛坯	2	
龙门刨	牛头刨	粗拉毛坯	2	
飞刀铣	液压刨	粗拉毛坯	1.5	
液压刨	牛头刨	粗拉毛坯	1.5	
X53	朝鲜铣	粗拉毛坯	2	
仿型铣	立　铣	粗拉毛坯	2	

3.钳加工样板标准

表4　钳加工样板标准

L	10	12.6	15.8	20	25	31.6	40	50	63	79	100	126	158	200	251	316	397	500
F	工时																	
1	1	1.1	1.3	1.4	1.6	1.8	2.1	2.4	2.7	3	3.4	3.8	4.3	4.9	5.5	6.3	7.1	8
2	1.8	2.1	2.5	2.9	3.3	3.9	4.6	5.3	6.2	7.2	8.5	9.9	11.5	14	16	18	21	25
3	2.6	3.1	3.6	4.2	5	5.9	6.9	8.2	9.6	11.3	13.4	16	19	22	26	30	36	42
4	3.3	3.9	4.6	5.5	6.5	7.7	9	11	13	15	18	21	25	30	36	42	50	59
5	4.1	4.9	5.8	6.9	8.1	9.7	11.5	13.6	16	19	23	27	32	38	45	54	64	76
6	4.9	5.8	6.9	8.2	9.8	11.6	13.8	16.4	20	23	28	33	39	46	55	65	77	92
7	5.7	6.8	8.1	9.6	11.4	13.6	16	19	23	27	32	38	46	54	65	77	92	109
8	6.4	7.6	9	10.8	13	15.4	18	22	26	31	37	44	52	62	74	89	106	126
9	7.2	8.6	10.2	12.2	14.5	17	21	25	30	35	42	50	59	71	84	101	120	143
10	8	9.5	11.4	13.6	16	19	23	28	33	39	47	56	66	79	94	112	134	160

注:1)F为样板复杂等级,即尺寸段的拐点个数,包括测量基准,<3 mm的尺寸段不计入复杂等级;L为尺寸的平均长度

2)加工对板工时乘1.1

3)中间工序粗制样板工时乘0.8

4)厚度系数

厚度	<1	1.5	2	2.5	3
K	1	1.1	1.15	1.2	1.3

4.制坯及热加工标准

表5 制坯、热加工标准

工种	工时	最小工时		备注
铸	G/10	0.5		
气割	G/20	0.3		
锻	G/6	0.5		高铬钢 G/3
退火	G/20	0.2		高铬钢 G/10
淬火,发黑	G/8	0.5		高铬钢 G/4
渗碳淬火	G/4	0.5		
表面淬火	200cm²/ 小时			
电焊	0.5~2			点焊上下模板

注:1)表中 G 为工件重量

2)本标准为经验概算标准,只允许在无技术标准的情况下使用

5.锯加工标准

表6 锯加工标准

材料规格	φ	20	50	70	90	120	140	160	180	200			
	方钢边长									200	300	400	500
设备		工时											
G72		0.3	0.4	0.5	0.6	0.8	0.9	1.1	1.3	1.5			
G6014										1.2	1.4	1.7	2

6.粗铣及装卸标准

表 7　粗铣标准

cm³	220	320	470	680	1000	1460	2130	3100	4530	6610	9650	14100	20600	30000
T工	1	1.3	1.7	2.2	2.9	3.8	5	6.5	8.5	11	14.5	19	25	32

表 8　粗铣装卸标准

重量 kg	<20	50	120	280	680	1700	4000
T装	0.3	0.5	0.7	1.1	1.7	2.6	4

7.电加工标准

表 9　电加工标准

D6140	蚀除体积 mm³	3000	6000	9000	12000	15000	18000	21000	24000	30000	36000	42000	48000	54000	60000	66000	72000
	工时	1	2	3	4	5	6	7	8	10	12	14	16	18	20	22	24
D6185	蚀除体积 cm³	40	80	160	240	320	400	500	600	700	800	900	1000	1200	1400	1600	1800
	工时	1	2	4	6	8	10	12	15	17	20	23	25	30	35	40	45

注:1)指定条件

电极材料	工作材料	装卸时间
D6140	石墨	0.5 小时
D6185	合金工具钢	1 小时，或酌情给定

工件粗糙度3.2

2)装卸时间

8.锻模分模面及导锁典型结构

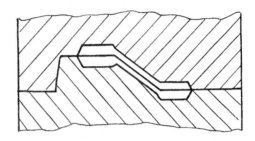

A 型分模面

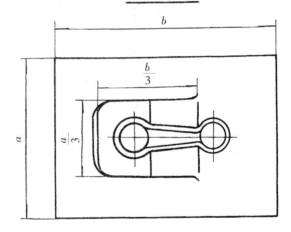

B 型分模面

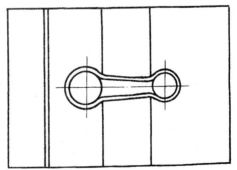

注:导锁规格　四角　基点1　30×30×30　基点2　120×120×70

图2　锻模分模面及导锁典型结构

9.锻模通用标准

表10　锻模通用标准

序号	工序名称	加工摘要	使用设备	模块规格（长＋宽）×高　材料　5CrMnMo										备注
				400×200	500×250	600×300	700×350	800×400	900×400	1000×400	1100×450	1200×450	1700×450	
				工时										
1	锻	制坯	1000~5000蒸气锤	8.5	9.2	10	10.6	11.3	12	12.7	13.5	14.5	20	
2	退	退火	箱式电炉	6	7.5	9	10.5	12	13.5	15	16.5	27	35	
3	车	上下面	C630—立车	2.5	3.3	4.1	4.8	5.7	6.5	7.3	8	8.8	16	
4	刨	上下面	龙门刨	2	3.3	4.5	5.7	7	8.2	9.5	10.7	12	18	
5	唐	上下面	M7475 3756	0.6	0.7	0.7	0.8	0.8	0.9	0.9	1	1.1	1.5	
6	刨	四面	龙门刨	4	5.6	7.4	9.2	11	12.8	14.6	16.4	18	28	
7	划	抬孔		0.4	0.4	0.5	0.5	0.6	0.6	0.7	0.7	0.8	1	
8	钻	抬孔	摇臂钻	0.4	0.4	0.5	0.5	0.6	0.6	0.7	0.7	0.8	1	毛坯钻孔×1.5
9	划	凸导锁		1.2	1.3	1.4	1.5	1.6	1.7	1.8	1.9	2	3	
10	划	凹导锁		1.2	1.3	1.4	1.5	1.6	1.7	1.8	1.9	2	3	
11	铣	凸导锁	朝鲜铣—X53	7.6	9.3	11.4	14	17	21	25	32	39	110	
12	铣	凹导锁	朝鲜铣—X53	3	3.6	4.2	4.8	5.5	6.2	6.7	7.3	8	16	
13	划	A凸分模面		1	1.1	1.3	1.4	1.5	1.6	1.7	1.8	2	3	
14	划	A凹分模面		1	1.1	1.3	1.4	1.5	1.6	1.7	1.8	2	3	
15	铣	A凸分模面	朝鲜铣—X53	8.3	11	14	17	20.5	23.5	27	30	33.6	56	
16	铣	A凹分模面	朝鲜铣—X53	2	2.8	3.6	4.4	5.2	6.0	6.8	7.6	8.4	16	
17	划	B型分模面		1	1.1	1.3	1.4	1.5	1.6	1.7	1.8	2	3	
18	刨	B凹凸分模面	牛头刨—龙门刨	8.2	9	9.8	10.2	11.4	12.2	1.3	13.8	14.6	24	

续表10

序号	工序名称	加工摘要	使用设备	400×200	500×250	600×300	700×350	800×400	900×400	1000×400	1100×450	1200×450	1700×450
				工时									
19	刨	B凹分模面	牛头刨—龙门刨	4.2	4.6	5	5.4	5.8	6.2	6.6	7	7.3	12
20	刨	A凸、B型分模面及凸导锁平直处	M7130	1	1.5	2	2.5	2.9	3.4	3.8	4.3	4.9	8
21	钳	导锁		4	5	6	7	8	9	10	11	12	18
22	钳	A型分模面		6	6.8	7.5	8.3	9	9.8	10.5	11.3	12	16
23	钳	B型分模面		4	4.5	5	5.5	6	6.5	7	7.5	8	12
24	刨	合刨基准角	龙门刨	1.1	1.5	1.8	2.2	2.5	2.8	3.2	3.5	3.8	6
25	铣	飞边槽仓部	朝鲜铣—X53	1	1.1	1.3	1.4	1.5	1.6	1.7	1.8	2	3
26	钳	飞边槽仓部		2	2.3	2.5	2.8	3	3.3	3.5	3.8	4	5

燕尾 b×h （键槽宽≈燕尾宽 h 长=h+10）

序号	工序名称	加工摘要	使用设备	160×45	200×50	300×65	400×80
27	铣	粗拉燕尾	朝鲜铣—X53	1.7	3	4.2	5.5
28	刨	燕尾	龙门刨	2.5	2.8	3.1	3.5
29	铣	键槽	朝鲜铣—X53	1.5	1.5	1.6	1.6
30	热	淬火、回火	75KW 箱式炉	4.6	5	7	7.7
31	刨	上、下面	M7475 3756	0.4	0.4	0.5	0.5
32	钳	修键槽燕尾		4	4.5	5	5.5
33	铣	浅飞边、过桥	朝鲜铣—X53	1	1.1	1.3	1.4
34	钳	口面 R		1.5	1.6	1.7	1.8

（续，工时对应规格）

序号	6.7	8	9.2	10.5	11.7	30
27	6.7	8	9.2	10.5	11.7	30
28	3.9	4.3	4.8	5.4	6	10
29	1.8	1.8	2	2	2	2.5
30	12.3	13	13.8	14.5	30.7	40
31	0.5	0.6	0.6	0.6	0.6	1
32	6	6.5	7	7.5	8	12
33	1.5	1.6	1.7	1.8	2	3
34	2	2.2	2.4	2.7	3	4

10.圆形锻模型腔典型结构

镶粗台规格

基点 1　100×80×20 高
基点 2　280×25×60 高

5°

φ250

φ155

50

36

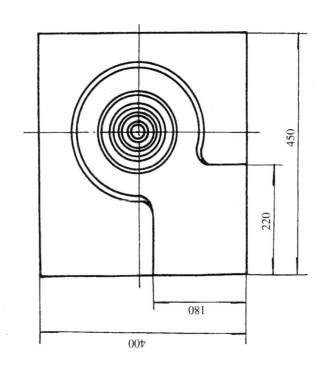

400

180

450

220

图 3　圆形锻模型腔典型结构图（齿轮）

11.圆形锻模专用标准

表11　圆形锻模专用标准

序号	工序名称	加工摘要	使用设备	模块规格（长＋宽）×高								
				400×200	500×250	600×300	700×350	800×400	900×400	1000×400	1100×450	1200×450
				工时								
1	划	型腔燕尾		2.5	2.6	2.8	3	3.2	3.4	3.6	3.8	4
2	车	粗车型腔	C630—立车	5.5	6.3	7.1	7.9	8.8	9.6	10.4	11.2	12
3	铣	镗粗台	朝鲜铣—X53	1.6	2.4	3.3	4.2	5	5.8	6.7	7.5	8.3
4	铣	钳口	朝鲜铣—X53	1.5	1.6	1.7	1.8	1.9	2.0	2.1	2.3	2.5
5	钳	修钳口镗粗台		2	2.3	2.5	2.8	3	3.3	3.5	3.8	4
6	车	精车型腔抛光	C630—立车	5.5	6.3	7.1	7.9	8.8	9.6	10.4	11.2	12
7	钳	抛燕尾钳口等		2	2.3	2.5	2.8	3	3.3	3.5	3.8	4

注：画线前工序见锻模通作标准

12.异型锻模(弯曲连杆)典型结构

成型部位   锻造过程

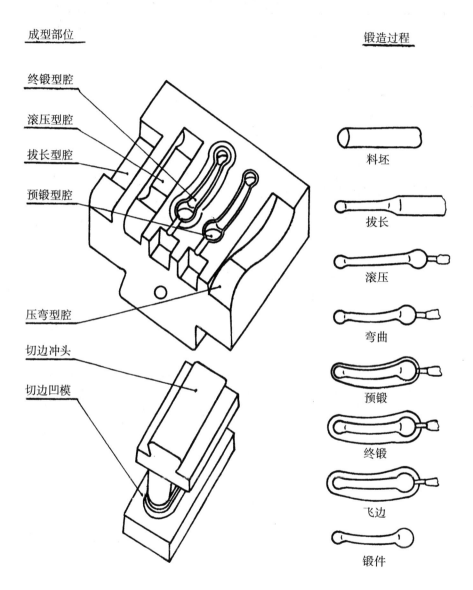

图4 异型锻模(弯曲连杆)典型结构图

13.异型终锻型腔复杂等级

表 12　异型终锻型腔复杂等级分类表

名　称	等　级
扇形板	1
锁销　连接杆　拉杆接头　弯头　连杆	2
B 型变速叉　调节杆	3
三通　S 形曲轴	4
接头　扇形轮轴　十字轴	5
拉杆接头　减震器上支架　转向横拉杆接头	6
上提升杆接头　气门摇臂	7
A 型变速叉　提升臂	8
转向节　转向摇臂	9
弯曲转向臂	10
吊钩　三销轴　梅花扳手　前蹄片臂	11
转向节叉　连杆　三凸轮轴	12
前拖钩	13
连接杆	14
四拐曲轴	15

注:此复杂等级,是根据锻模终锻型腔加工工艺的难度及耗费工时的大小决定的,而非锻件本身的复杂等级。为简便起见,用锻件图例表示该复杂等级。

14.异型终锻型腔复杂等级图例

表 13 异型终锻型腔复杂等级图例

名称	扇形板	复杂等级	1			

名称	锁销	复杂等级	2	名称	拉杆接头	复杂等级	2

名称	连接杆	复杂等级	2	名称	弯头	复杂等级	2

名称	连杆	复杂等级	2			

模具行业实用管理技术

续表 13

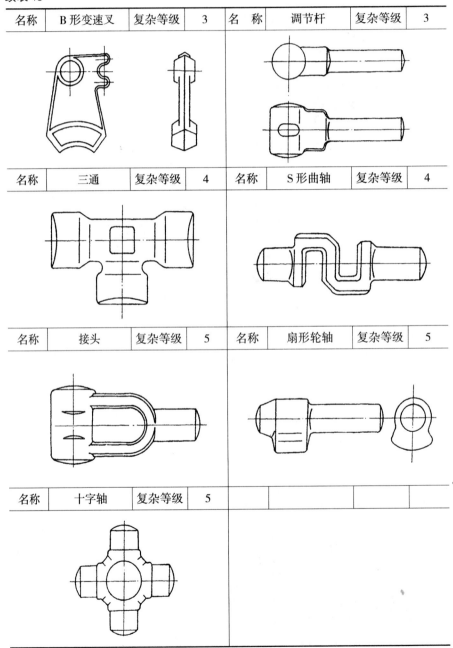

名称	B 形变速叉	复杂等级	3	名称	调节杆	复杂等级	3
名称	三通	复杂等级	4	名称	S 形曲轴	复杂等级	4
名称	接头	复杂等级	5	名称	扇形轮轴	复杂等级	5
名称	十字轴	复杂等级	5				

续表 13

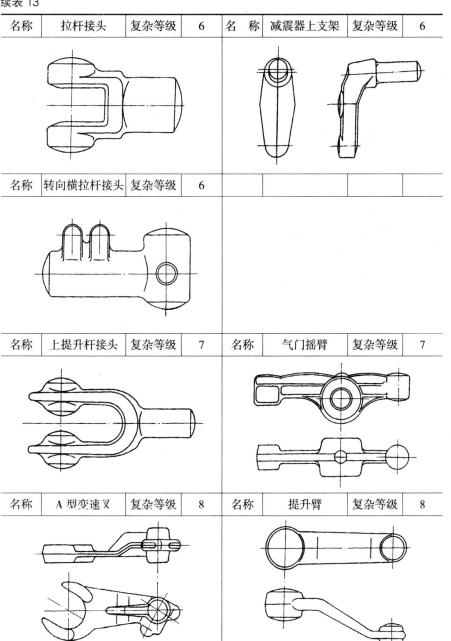

名称	拉杆接头	复杂等级	6	名　称	减震器上支架	复杂等级	6
名称	转向横拉杆接头	复杂等级	6				
名称	上提升杆接头	复杂等级	7	名称	气门摇臂	复杂等级	7
名称	A 型变速叉	复杂等级	8	名称	提升臂	复杂等级	8

模具行业实用管理技术
MOJUHANGYESHIYONGGUANLIJISHU

续表 13

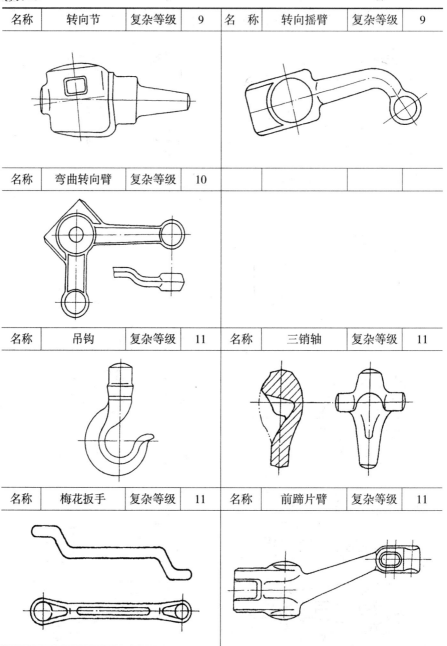

名称	转向节	复杂等级	9	名　称	转向摇臂	复杂等级	9
名称	弯曲转向臂	复杂等级	10				
名称	吊钩	复杂等级	11	名称	三销轴	复杂等级	11
名称	梅花扳手	复杂等级	11	名称	前蹄片臂	复杂等级	11

续表 13

名称	转向节叉	复杂等级	12	名 称	连杆	复杂等级	12

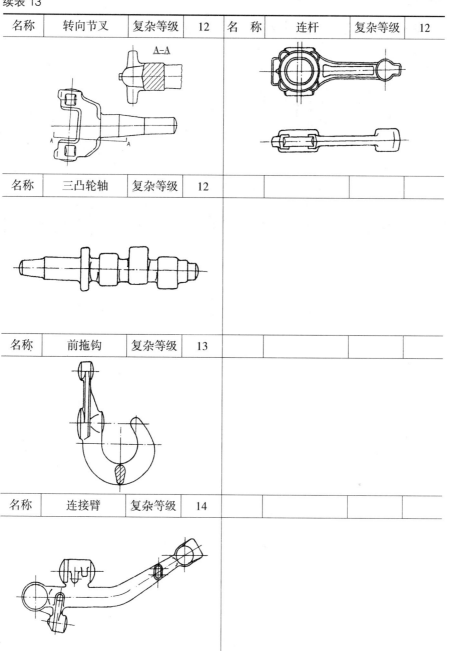

名称	三凸轮轴	复杂等级	12				

名称	前拖钩	复杂等级	13				

名称	连接臂	复杂等级	14				

续表 13

名称	四拐曲轴	复杂等级	15				

15.异型终锻型腔机加工标准

表 14　异型终锻型腔机加工标准

规格	终锻型腔规格(均长 + 均宽)×深									
	100 × 25	150 × 25	200 × 30	250 × 30	300 × 35	350 × 35	400 × 40	450 × 40	500 × 50	800 × 80
等级	工时									
1	1.8	2.6	3.4	4.2	5.2	6	6.8	7.6	8.5	14
2	2	3	4	5	6	7	8	9	10	16
3	2.2	3.4	4.6	5.8	6.9	8.2	9.3	10.4	11.5	19
4	2.4	3.7	5	6.3	7.8	9.1	10.4	11.7	13	21
5	2.6	4.1	5.6	7.1	8.7	10.2	11.7	13.2	14.5	24
6	2.8	4.5	5.2	7.9	9.5	11.2	12.9	14.6	16	26
7	3	4.8	6.6	8.4	10.4	12.2	14	15.8	17.5	29
8	3.2	5.2	7.2	9.2	11.2	13.2	15.2	17.2	19.3	32
9	3.4	5.6	7.8	10	12.1	14.3	16.5	18.7	20.8	34
10	3.6	5.9	8.2	10.5	12.9	15.2	17.5	19.8	22.3	37
11	3.8	6.3	8.8	11.3	13.8	16.3	18.8	21.3	23.8	40
12	4	6.7	9.4	12.1	14.6	17.3	20	22.7	25.3	42
13	4.2	7	9.9	12.6	15.5	18.3	21.1	23.9	26.8	45
14	4.4	7.4	10.4	13.4	16.4	19.4	22.3	25.3	28.3	47
15	4.6	7.8	11	14.2	17.3	20.5	23.8	27	30	50

注:1)上下模型腔不同时,表列工时为平均值。

　2)终锻型腔有几道工序时,表列工时为总工时,各道工序可酌情分配。

16.异型终锻型腔工时与其他型腔工时系数

表15　异型终锻型腔工时与其他型腔工时系数

型腔名称	K		备注
终　锻	1		包括钳口
预　锻	1		包括钳口
滚　压	1		包括钳口
拔长(立)	0.3		包括钳口
(平)	0.4		包括钳口
压弯(立)	0.3		包括钳口
(平)	0.5		包括钳口
切　断	0.4		

17.各型腔机加工总工时与画线、钳修、抛光总工时系数

表16　各型腔机加工总工时与画线、钳修、抛光总工时系数

工序名称	K		备注
机加工	1		不包括燕尾
画　线	0.6		包括燕尾
钳　修	1		包括燕尾
抛　光	0.8		包括燕尾

18.异型锻模专用标准使用说明

(1)首先根据图例确定锻模终锻型腔的复杂等级;

(2)根据终锻型腔复杂等级及规格,查出终锻型腔机加工工时;

(3)根据锻模型腔数量及相应的 K 值,找出全部模腔机加工工时;

(4)根据机加工工时与其他工序工时的 K 值,求出其他各工序工时。

19.切边凸模标准

表 17 切边凸模标准

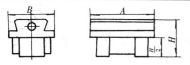

指定条件
1)材料:5CrMnMo
2)余量:锻造 10~20,机加工直线部分 0.2,曲线 0.5
3)粗糙度:工作部分$\sqrt{0.8}$,其余$\sqrt{6.3}$

序号	工序名称	加工摘要	使用设备	规格(长+宽)×高								备注
				200×100	300×120	400×140	500×160	600×180	700×200	800×220	900×240	
				工时								
1	锻	制坯	750~5000kg	6	6.8	7.6	8.5	9.2	10	10.6	11.5	
2	退	退火	75kW 箱式炉	3	4.5	6	7.5	9	10.5	12	13.5	
3	铣	四面	X52	1	2	3	4	5	6	7	8	
4	铣	切头	X63W	0.6	0.8	1	1.2	1.4	1.6	1.8	2	
5	磨	四面	M7475~M7150	0.6	0.7	0.8	1	1.2	1.5	1.7	2	
6	划	燕尾、外形		2	2.2	2.4	2.6	2.8	3	3.2	3.4	
7	钻	抬孔	摇臂钻	0.4	0.4	0.5	0.5	0.6	0.6	0.7	0.7	
8	铣	外形	朝鲜铣—X53	2	4	7	10	13	16	20	24	
9	钳	修外形		3	5.5	8	11	13.5	16	20	24	
10	划	型面		1	1.3	1.6	1.9	2.1	2.4	2.7	3	
11	铣	型面	朝鲜铣—X53	2	3	4	5	6	7	8	9	
12	刨	燕尾	B665	2.5	4	5.5	7	8.5	10	11.5	13	
13	钳	修型面		3	5	7	9	11	13	15	17	
14	热	淬火、回火	75kW 箱式炉	4	4.3	4.6	5	6	7	11	12	
15	磨	上下面	M7475—M7150	0.3	0.3	0.4	0.4	0.5	0.5	0.5	0.6	
16	钳	抛光		2	4	6	8	10	12	14	16	

20.切边凹模标准

表18　切边凹模标准

指定条件

1)材料　　5CrMnMo
2)余量　　锻造10~20mm,机加工直线部分0.2,曲线部分0.5
3)粗糙度　工作部分$\sqrt{0.8}$,其余$\sqrt{6.3}$

序号	工序名称	加工摘要	使用设备	规格(长+宽)×高								备注
				300×40	400×50	500×60	600×70	700×80	800×90	900×100	1000×110	
				工时								
1	锻	制坯	750~5000kg	6	6.8	7.6	8.5	9.2	10	10.6	11.5	
2	退	退火	75kW箱式炉	3	4.5	6	7.5	9	10.5	12	13.5	
3	铣	四面	X52	1.8	2.6	3.5	4.4	5.2	6	6.8	7.6	
4	铣	切头	X63W	0.7	0.8	0.9	1	1.1	1.2	1.3	1.4	
5	庌	上下面	M7475~M7150	0.4	0.4	0.5	0.5	0.6	0.6	0.7	0.7	
6	划	全形		2.5	2.7	3	3.3	3.5	3.7	4	4.3	
7	铣	型孔、台阶	朝鲜铣-X53	3	5.5	8	11	13.5	16	18.5	21	
8	插	清角	B5020	1.5	1.8	2.1	2.4	2.7	3	3.3	3.6	
9	刨	燕尾	B665	2	2.5	3	3.5	4	4.5	5	5.5	
10	钳	修		4	6.5	9	11	13.5	16	18.5	21	
11	热	淬火、回火	75kW箱式炉	3	4.4	5.8	7.2	8.6	10	11.4	12.8	
12	庌	上下面	M7475~M7150	0.4	0.4	0.5	0.5	0.6	0.6	0.7	0.7	
13	钳	抛光		3	4.5	6	8	10	12	14	16	

21.套模标准

表 19　套模标准

套模典型结构

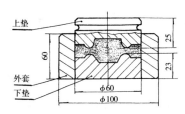

指定条件

1)材料:5CrMnMo

2)余量:8~15

3)设备:C6140,C1616,C620,C630

4)粗糙度:工作面$\overset{0.8}{\triangledown}$,配合面$\overset{1.6}{\triangledown}$,非配合面$\overset{3.2}{\triangledown}$

5)工艺条件:内径 > 80 时中心锻孔;火后精车

套筒规格	外径	100	150	200	250	300			
	高度	60	90	120	150	180			
套筒	粗车	1.2	1.6	2.2	3	4			
	精车	1.5	2	2.7	3.7	5			
上垫	粗车	1.2	1.4	1.7	2	2.6			
	精车	1.5	1.8	2.2	2.7	3.5			
下垫	粗车	1	1.2	1.6	2	2.5			
	精车	1.5	1.8	2.1	2.5	3			
上垫	划	1	1	1	1	1			
下垫	划	1	1	1	1	1			

22.装箱标准

表 20　装箱标准

模块尺寸	长	200	250	300	350	400	450	500	550	600	850
	宽	200	250	300	350	400	450	500	550	600	850
	高	200	250	300	350	400	400	400	450	450	450
工序		工时									
木	制、装箱	2	2.3	2.5	2.8	3	3.3	3.5	3.8	4	6

23.锻模标准工时汇总表

表 21　锻模标准工时汇总表

锻模标准	模块规格（长+宽）×高　类别	每套工时 400×200	500×200	600×300	700×350	800×400	900×400	1000×400	1100×450	1200×450	1700×500	备注
通用标准	基本工序	82	107	132	153	182	207	232	257	282	431	
	导锁工序	22	29	37	44	51	58	66	73	80	176	
	A型分模面工序	25	31	38	44	51	57	61	68	75	118	
	B型分模面工序	24	28	31	35	38	42	45	49	52	82	
圆锻模	圆型专用标准	41	48	54	61	67	74	80	87	94		典型圆锻模
	圆型样板	30	32	34	36	38	40	42	44	46		
	圆型总计	153	187	220	254	287	321	354	388	422		
切边模标准 凹模	模块规格（长+宽）×高	300×40	400×50	500×60	600×70	700×80	800×80	900×90	900×100	1000×110		
	合计	31	43	56	69	82	94	107	120			
凸模	模块规格（长+宽）×高	200×100	300×120	400×140	500×160	600×180	700×200	800×220	900×240			
	合计	33	49	65	83	100	117	140	160			
	总计	64	92	121	152	182	211	247	280			
套模标准	外径	100	150	200	250	300						不包括样板 外套之外径
	总高	60	90	120	150	180						装配后总高
	总计	10	12	15	18	23						不包括样板热加工
装箱标准		2	2.3	2.5	2.8	3	3.3	3.5	3.8	4	5	

四、冲模技术综合定额标准的编制

(一)冲模生产技术特点

由于冲模用途广泛,故种类繁多,模具结构及生产工艺较为复杂。其生产技术特点表现为:

(1)品种繁多,结构复杂,缺乏可比性;

(2)基础零部件标准化程度较高;

(3)部分零部件具有一定可比性;

(4)工作部件凸凹模形状复杂、精度高,且互为相关尺寸,加工难度大。

以上特点,使冲模标准的编制变得异常复杂而困难。因此,在编制过程中,必须分门别类,针对其特点以不同的方式解决。

(二)标准的编制原则

编制冲模标准,与锻模标准一样,亦应遵循下列原则:

(1)符合中央有关政策法规;

(2)符合省市上级主管部门的具体要术;

(3)适应本企业生产技术组织条件;

(4)具有良好的使用性。

只有遵循这些原则,定额标准才能先进合理,才能满足"快、准、全"的要求。原则确定后,即可确定标准的类型、形式及水平。

(三)冲模标准的编制原理及前期装备

根据冲模品种多,结构复杂,但设计标准化、典型化水平较高的特点,采用标准件专用,典型件类推,单项工艺专用的原理,编制冲模综合定额标准是比较合理的。与锻模相比,冲模标准项目多、工作量大,但所需资料标准化、典型化程度高。在标准编制过程中,虽然工作量大,但困难较少。对于典型化程度低,可比性较差的部分工件,可参照锻核标准技术类推原理妥善解决。

冲模标准编制的前期准备与锻模标准基本相同。不同之处只是资料多、项目多而已。总之,编制标准的前期准备是十分重要的。充分而细致的准备,使标准编制工作得以顺利进行,并可保障标准的质量与水平。

(四)标准的类型

根据上述原理,冲模标准属综合类型。只有高度的综合性才能适应冲模的复杂性,这是由冲模生产技术特点决定的。为符合国家要求,需尽量采用技术手段确定标准时间,以使标准具有较高的技术性。这种技术综合定额标准,较好地满足了企业生产技术组织条件和要求,是比较理想的。

(五)标准的内容

标准的类型决定了标准具有高度的综合性,以满足复杂的使用条件,实现"快、准、全"的要求。这种综合性,表现在对工件、工艺、设备以及所指定条件的综合。这样,可使标准以较小的篇幅表达较多的内容。具体内容如下:

(1)标准件定额标准

主要有:导柱　导套　模柄　卸料螺丁　圆凸模

定位销　导料销　起重棒　弹簧　样板(工艺标准件)

(2)典型件定额标准

主要有:棒类　饼类　环套类　压边圈　圆凹模

(3)成组工艺件定额标准

主要有:模板　方板件　圆板件　型面件　型孔件　凸形件

(4)工艺专用定额标准

主要有:热加工　电加工　锯　铣　钻　钳　车孔　车模柄孔

镗孔　镗模柄孔　柄孔　装卸　总装　试模　油漆　木样

制装箱

(5)修正系数

主要有:材料修正系数　设备修正系数　批量修正系数

模具复杂等级修正系数

除上述以工件为要素的主要内容外,还必须包括每个工件的规格、技术要求、工艺过程、设备、定额数据等。

以上标准的内容,基本上满足了冲模生产编制定额的要求。对于有些企业特有的加工设备及特殊的加工工艺,则需制定相应的定额标准及修正系数,以适应上述特殊情况。

(六)标准的形式

标准的形式取决于它所表达的内容。根据上述内容及标准应具有良好使用性的要求,综合考虑,首先确定表格式标准较为理想。它表达内容多,适应性强,直观明快,完全适应无固定产品、单件生产、工艺复杂的特点。

所以,标准应根据上述特点及所划分不同类型设计相应的表格样式,以满足上述要求。在使用时,根据不同工件查找相应表格,可满足"快"和"全"的要求。因各种类型的定额都是以技术手段制定的,所以,同时也满足了"准"的要求。

冲模标准的这种形式是由冲模工件的复杂性决定的。虽然表格较多,但只要"对号入座",则定额工时多可直接选取。应该说,在使用时是非常方便快捷的。

(七)标准的编制方法

编制定额标准,是一项政策性、技术性、群众性极强的复杂的系统工程。概括地讲,主要有以下具体步骤:

1.搜集各种冲模的图纸、工艺、定额资料

2.确定标准类型

分析图纸工艺资料,按工件工艺要素原则划分标准件、典型件、成组工艺件、单项工艺件,确定标准的综合程度。

3.编制加工工序

根据上述不同类型,选取设计适当的加工工序、技术要求及使用设备等指定条件。

4.设计表格式样

根据以上指定条件,以简便快捷为原则,按不同类型设计相应的表格式样。

5.计算定额数据

为确保定额的技术性、准确性,计算定额数据应遵循以下顺序原则:

(1)技术计算法

凡有条件者,皆应采取此法。

(2)技术测定法

无法计算但有测定条件者,应采取技术方法测定。

(3)数理统计法

采用数理统计技术,建立数学模型,优选、规范定额资料,使数据标准化。

(4)经验估工法

无法计算又无资料者,可请老工人、技术员、定额员用经验估工。以此为基础,再经数理统计方法筛选规范,使数据标准化。

6.确定各种修正系数

标准在实际使用时,有些无法或不宜在标准中表达的定额,如出现材料、设备、批量及技术要求与指定条件不符的情况,可采用相应的修正系数折算的方式解决。修正系数的具体数值也应尽可能采用技术方法测算。

7.综合平衡各类标准水平

由于冲模结构的复杂性及缺乏可比性,标准类型及计算方法的多样化,所确定的各类标准的水平,必然存在一定差距,缺乏平衡性、统一性。因此,必须请有关领导、老工人、技术员、管理员,经分析讨论,测算对比,求得差距,并以适当方式修正,实现标准水平总体的平衡统一。

(八)标准的技术程度

根据上述标准编制的原则及方法可知,标准具有较高的技术程度,具体分析如下表。

冲模工时定额标准技术程度分析表

标准类别	标准件	典型件	成组工艺件	单项工艺	修正系数	总计
总标准数	10	5	6	16	4	41
技术标准数	10	5	6	12	3	36
经验标准数				4	1	5
技术程度%	100	100	100	75	75	88

从上表可以看出,冲模工时定额标准的技术程度是比较高的。这里还需要指出,表中 5 项经验标准,即热加工标准、试模标准、油漆标准、制装箱标准及设备修正系数,都是因装炉量不确定,条件过于复杂及不可预测的变数等原因。而无法用技术方法制定的标准。

以上分析是按标准的项数计算的。换一个角度,从标准的使用率看,除热加工标准外,其余 4 个标准在实际使用中所占比例很小,对整个标准技术程度的影响是微不足道的。所以说,标准的实际技术程度应在 95%以上。

(九)标准的水平

标准的水平决定标准的质量,是编制标准的核心问题。到目前为止,对标准的具体水平,因地区、企业、技术等状况存在较大悬殊,国家只提出方向性指导意见,尚无量化要求。

从以上述标准编制的要求、原则及方法可知,冲模标准是按国家劳动定额应向技术定额过渡,并达到先进合理水平的精神,根据企业生产技术组织条件,采用技术方法,并经有关人员综合平衡而制定。因此,冲模标准的水平是先进合理的,是符合上级要求的,是具有良好使用性的技术综合定额标准。

五、冲模工时标准

目录

(一)标准编制及使用说明

(二)标准字母代号及意义

模具行业实用管理技术

MOJUHANGYESHIYONGGUANLIJISHU

(三)冲模工时标准

1.通用系数

2.钳加工样板标准

3.制坯及热加工标准

4.弓锯加工标准

5.车棒类、柱类、饼类标准

6.车套环类标准

7.启外圆标准

8.板件标准

9.模板标准

10.镗模板标准

11.车联结式模柄孔标准

12.车压入式模柄孔标准

13.压入式、联结式模柄标准

14.卸料螺钉标准

15.导套标准

16.导柱标准

17.挡料销标准

18.圆切刀标准

19.弹簧标准

20.圆凸模、导正销标准

21.圆凹模标准

22.凸模类标准

23.凹模类标准

24.型面类标准

25.粗铣标准

26.电加工标准

27.线切割标准

28.镗孔标准

29.钻孔标准

30.总装标准

31.试模标准

32.油漆、装箱标准

(一)标准编制及使用说明

1.本标准是依据有关政策要求及某企业实际生产技术组织条件编制,并在使用中经多次修改而成的。因此,具有很强的实用性。

2.本标准采用工件、工艺、设备、工时定额高度综合的原则编制,以适应模具行业冲模品种繁杂,单件生产的特点。

3.标准中冲模标准件指定条件以图纸工艺为准;典型件以图纸工艺及特指条件为准;同类型工件及单项工艺标准以指定条件为准;无指定条件者,均以加工图纸工艺为准。

4.本标准工时计算以工件大小与设备大小相适合,工件复杂程度与操作者技术相适应为原则。

5.因冲模生产标准多未指定加工设备,故标准中未指定加工设备者,均以小设备干小活,大设备干大活为依据。

6.本标准工时计算以技术计算为主。无法计算者以实测或经验估工辅之。

7.本标准定额工时以小时为主,工时较小者以分计,法定的需多人操作的设备则为台时。

8.为使用方便快捷,各类标准的排列顺序,不以工件及工艺分类为依据,而按实际编制定额时多数工艺过程的先后顺序为原则。

(二)标准字母代号及意义

表1　标准字母代号及意义

字母	K	G	T	E	T$_装$
意义	系数	重量kg	工时、总工时	工步时间	装卸时间
字母	T	φ	D	d	L
意义	T$_工$+T$_装$	直径	直径※	直径※	长度
字母	H	h	M	F	
意义	高度、厚高、深度※	高度、厚度、深度※	公制螺纹	复杂等级	

注:※表示在无图例的情况下,工件有两个以上同类尺寸时,大写字母代表较大尺寸,小写字母代表小尺寸。

(三)冲模工时标准

1.通用系数

表2　材料修正系数

材料	45	低合金钢	高合金钢	Cr	调质钢	铸钢	铸铁	铜
K	1	1.2	1.5	2	1.1	1.1	0.8	0.7

表3　设备修正系数

指定机床	调往机床	加工内容	K	备注
飞刀铣	牛头刨	粗拉毛坯	2	
龙门刨	牛头刨	粗拉毛坯	2	
飞刀铣	液压刨	粗拉毛坯	1.5	
液压刨	牛头刨	粗拉毛坯	1.5	
X53	朝鲜铣	粗拉毛坯	2	
仿型铣	立　铣	粗拉毛坯	2	

表4　批量修正系数

数量	<5	6~20	21~50	>51
K	1	0.9	0.8	0.7

2.钳加工样板标准

表5　钳加工样板标准

L	10	12.6	15.8	20	25	31.6	40	50	63	79	100	126	158	200	251	316	397	500
F	工时																	
1	1	1.1	1.3	1.4	1.6	1.8	2.1	2.4	2.7	3	3.4	3.8	4.3	4.9	5.5	6.3	7.1	8
2	1.8	2.1	2.5	2.9	3.3	3.9	4.6	5.3	6.2	7.2	8.5	9.9	11.5	14	16	18	21	25
3	2.6	3.1	3.6	4.2	5	5.9	6.9	8.2	9.6	11.3	13.4	16	19	22	26	30	36	42
4	3.3	3.9	4.6	5.5	6.5	7.7	9	11	13	15	18	21	25	30	36	42	50	59
5	4.1	4.9	5.8	6.9	8.1	9.7	11.5	13.6	16	19	23	27	32	38	45	54	64	76
6	4.9	5.8	6.9	8.2	9.8	11.6	13.8	16.4	20	23	28	33	39	46	55	65	77	92
7	5.7	6.8	8.1	9.6	11.4	13.6	16	19	23	27	32	38	46	54	65	77	92	109
8	6.4	7.6	9	10.8	13	15.4	18	22	26	31	37	44	52	62	74	89	106	126
9	7.2	8.6	10.2	12.2	14.5	17	21	25	29	35	42	50	59	71	84	101	120	143
10	8	9.5	11.4	13.6	16	19	23	28	33	39	47	56	66	79	94	112	134	160

注:1)F 为样板复杂等级,即尺寸的拐点个数,包括测量基佳,<3 mm 的尺寸段不计入复杂等级;L 为尺寸的平均长度

2)加工对板工时乘 1.1

3)中间工序粗制样数工时乘 0.8

4)厚度系数

厚度	<1	1.5	2	2.5	3
K	1	1.1	1.15	1.2	1.3

3.制坯及热加工标准

表6　制坯、热加工标准

工种	工时	最小工时		备注
铸	G/10	0.5		
气割	G/20	0.3		
锻	G/6	0.5		高铬钢 G/3
退火	G/20	0.2		高铬钢 G/10
淬火,发黑	G/8	0.5		高铬钢 G/4
渗碳淬火	G/4	0.5		
表面淬火	200cm²/ 小时			
电焊	0.5~2			点焊上下模板

注:1)表中 G 为工件重量

　　2)本标准为经验概算标准,只允许在无技术标准的情况下使用

4.弓锯加工标准

表7　弓锯加工标准

φ	10	20	30	40	50	60	70	80	90	100	120	140	160	180	200
工时	0.3	0.3	0.3	0.4	0.4	0.4	0.5	0.5	0.6	0.7	0.8	0.9	1.1	1.3	1.5

注:指定设备　G72

5.车棒类、柱类、饼类标准

表8　车棒类、柱类、饼类标准

φ	30	40	50	65	90	120	155	200	260	340	440	560	770	940	1200	1600
L(H)								工时								
50	0.4	0.5	0.6	0.8	1	1.3	1.7	2.2	2.9	3.9	5	6.5	8.4	11	14	18
67	0.5	0.6	0.8	1	1.3	1.7	2.2	2.8	3.6	4.6	5.8	7.5	9.6	12	16	20
91	0.6	0.8	1	1.2	1.6	2	2.5	3.2	4.1	5.2	6.6	8.4	10.3	13.6	17.3	22
123	0.7	0.9	1.1	1.4	1.8	2.3	2.9	3.6	4.6	5.8	7.4	9.4	12	15	19	24
166	0.8	1	1.3	1.6	2	2.6	3.2	4.1	5.2	6.5	8.3	10.5	13	16.6	21	26.5
224	1	1.3	1.6	2	2.5	3.1	3.8	4.8	6	7.5	9.4	12	14.8	18.5	23	29
300	1.2	1.5	1.9	2.3	2.9	3.6	4.5	5.6	7	8.6	11	13.3	16.6	21	26	32
410	1.5	1.7	2.1	2.5	3.2	4	5	6.2	7.7	9.6	12	15	18.4	23	28.5	35.5
550	2	2	2.5	3.1	3.8	4.8	6	7.3	9	11	13.7	17	21	25.7	32	39
740	3.5	3.5	4.3	4.8	5.4	6.5	7.9	9.5	11.5	14	16.7	20	24.4	29.5	35.6	43
1000	7	6.5	6.5	7	7.7	9	11	12.6	15	17.5	20.7	24.3	28.7	33.8	40	47
1350	11	10	9	10	11	13	15	17	19	22	26	30	34	39	45	52

注:1)指定条件:材料 45,坯型　棒型　粗糙度 1.6▽

2)工件为锻坯、割坯时,根据工件大小酌情增加工时 0.1~2

3)粗糙度在 6.3▽以下灵留余量时,根据工件大小酌情减小工时 0.1~2,但最低工时不＜0.5

6.车套环类标准

表9 车套环类标准

D	30	40	50	65	90	120	155	200	260	340	440	560	720	940	1200	1600
d	10	15	20	25	35	45	60	80	110	150	200	270	370	500	670	900
L	工时															
20	0.5	0.6	0.7	0.9	1.1	1.4	1.7	2	2.5	3	3.7	4.5	5.5	6.7	8.2	10
26	0.6	0.7	0.8	1	1.3	1.6	1.9	2.3	2.8	3.4	4.2	5	6.1	7.5	9	11
34	0.8	1	1.2	1.4	1.7	2	2.4	2.9	3.5	4.2	5	6	7.3	8.7	10.5	12.6
44	1	1.2	1.4	1.7	2	2.4	2.9	3.4	4.1	4.9	5.8	6.9	8.3	9.8	11.7	14
57	1.3	1.5	1.8	2.1	2.5	3	3.5	4.2	5	5.9	6.9	8.2	9.7	11.4	13.5	16
74	1.6	1.9	2.2	2.6	3	3.6	4.2	4.9	5.8	6.8	8	9.4	11	13	15.2	18
96	2	2.3	2.7	3.2	3.7	4.3	5	5.9	6.8	8	9.3	11	12.6	14.7	17.2	20
125	2.5	2.9	3.3	3.9	4.5	5.2	6	6.9	8	9.2	10.7	12.3	14.2	16.5	19	22
160	3.5	4	4.5	5.2	6	6.7	7.7	8.8	10	11.4	13	15	17	19	22	25
210	6	6	6	7	8	9	10	11.3	12.7	14.2	16	18	20	22.3	25	28
270	11	11	10	11	12	13	14	15.5	17	18.6	20	22	24	26.5	29	32
355	18	18	17	17	18	19	20	21.5	23	24.5	26	28	30	32	34	36
460	32	30	29	28	27	27	28	29	30	32	33	34	36	37	38	40

注:1)指定条件:材料 45、坯型 棒型、粗糙度 1.6/

2)工件为锻坯、割坯时,根据工件大小酌情增加工时 0.1~2;d>80 时,坯料应制孔

3)粗糙度在 6.3/以下或留余量时,根据工件大小酌情减少工时 0.1~2,但最低工时不<0.5

7.启外圆标准

表 10　启外圆标准

Φ \ L(H)	30	40	50	65	90	120	155	200	260	340	440	560
							工时					
50	0.5	0.5	0.6	0.6	0.7	0.7	0.8	0.9	1	1.2	1.5	2
67	0.5	0.5	0.6	0.7	0.8	0.9	1	1.1	1.2	1.4	1.8	2.3
91	0.6	0.6	0.8	0.9	1	1.1	1.2	1.3	1.4	1.7	2.1	2.6
123	0.6	0.7	0.8	0.9	1.1	1.2	1.3	1.5	1.7	2	2.4	3
166	0.7	0.8	0.9	1.1	1.3	1.4	1.6	1.8	2	2.4	2.8	3.5
224	0.9	1	1.2	1.4	1.6	1.7	1.9	2.1	2.4	2.8	3.3	4
300	1.2	1.3	1.4	1.6	1.8	2	2.3	2.5	2.9	3.3	3.9	4.6
410	1.5	1.6	1.7	1.9	2.1	2.4	2.7	3	3.5	4	4.5	5.2
550	2	2.2	2.2	2.3	2.5	2.8	3.2	3.6	4.1	4.7	5.3	6
740	3	3.1	3.2	3.3	3.5	3.9	4.4	5	5.6	6.3	7.1	8
1000	5.5	5.5	5.3	5.1	5	5.6	6.3	7	7.8	8.8	9.8	11
1350	10	9.5	9	8.4	8	8.8	9.8	10.8	12	13	14.5	16

注:指定条件:材料 45,粗糙度 0.8

8.板件标准

表11 板件标准

长		60	70	85	100	120	140	170	210	250	300	350	400	500	600	700	860	1000	1200	1500	1700	2100
宽		40	50	55	70	80	100	120	140	160	200	240	300	340	400	500	580	700	850	950	1200	1400
工序	设备	工时																				
铣上下面		0.4	0.5	0.6	0.7	0.8	1	1.2	1.4	1.7	2.1	2.5	3									
铣四面		0.5	0.6	0.7	0.9	1.1	1.3	1.6	1.9	2.3	2.7	3.3	4	5	6.5	8	10.5	13	17	21	27	35
刨上下面		0.8	1	1.2	1.4	1.7	2	2.4	2.9	3.5	4.2	5	6	8	10	13	17	23	29	38	50	65
刨四面		1	1.3	1.5	1.7	2.1	2.6	3.1	3.8	4.5	5.5	6.6	8	10	13	16	21	27	34	43	55	70
铣四周		0.5	0.6	0.7	0.8	0.9	1.1	1.3	1.5	1.7	2	2.3	2.7	3.2	3.7	4.4	5.1	6	7	8	9	10
铣两端												1	1.2	1.4	1.7	2	2.4	2.9	3.5	4.2	5	6
启上下面	7130 7150	0.3	0.3	0.3	0.3	0.4	0.4	0.4	0.5	0.5	0.5	0.6	0.8	1.1	1.5	2	2.5	3.2				
启上下面	7475	0.3	0.3	0.3	0.3	0.3	0.4	0.4	0.4	0.5	0.5	0.5	0.6	0.8	1	1.2	1.5					
精刨上下面																		8	10	12	15	19	24

注:1)指定条件:材料 45，厚度＜100

2)厚度＞100 时，酌情增加工时

3)同时启上下面及相邻两侧基准面时，可按上下面工时乘 2

4)刨条形件(长宽比值＞4)时，工时乘 0.8；刨薄板时，酌情增加工时

126

9.模板标准

表12　模板标准

工序	木	刨	精刨	钳	钻	平磨	钳	铣
加工内容	木样	上下面定位面	上下面	划抬孔	抬孔	上下面	模柄孔导柱孔漏料孔螺钉槽	压台螺钉槽
A×B×H	工时							
300×200×50	6	4		0.3	0.4	0.5	1.5	1
370×250×60	7	5.5		0.3	0.5	0.6	2	1.3
460×310×70	8.5	7		0.4	0.6	0.8	2.4	1.6
560×400×80	10	10		0.4	0.8	1	3	2
700×500×90	12.6	13		0.5	1	1.2	3.8	2.5
850×610×110	15	18	16	0.5	1.2	1.5	4.8	3
1100×770×130	18	24	19				6	4
1300×1000×150	22	32	23				7.6	5
1600×1200×170	27	44	27				10	6.3
2000×1500×200	32	55	32				12	8

指定条件
材料　铸铁

注:刨条形件(宽:长=1:4)工时乘0.8

10.镗模板标准

表13　镗模板标准

φ	25	28	32	35	38	40	42	45	50	55	60	65	70	76	80	88	100
H	25	30	35	40	45	50	60	70	80	90	105	120	140	160	190	220	250
工时	2.5	2.8	3.2	3.5	4	4.5	5	5.6	6.3	7	8	9	10	11	12.5	14	16

注:1)指定条件:材料　铸铁,粗糙度 $\frac{1.6}{}$,精度　H_7,工艺要求　$\phi>70$坯料应制孔

2)表列工时为一块模板两孔时间

3)材料为铸钢时工时乘1.3

4)超重超长工件需支承架时,酌情增加2~4小时

11.车联结式模柄孔标准

表14 车联结式模柄孔标准

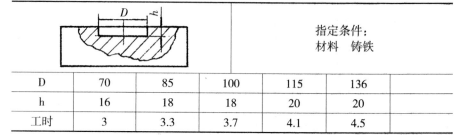

						指定条件: 材料 铸铁
D	70	85	100	115	136	
h	16	18	18	20	20	
工时	3	3.3	3.7	4.1	4.5	

12.车压入式模柄孔标准

表15 车压入式模柄孔标准

						指定条件: 材料 铸铁		
d	22	26	32	38	42	52	62	78
D	29	33	39	46	50	61	71	89
h	4	4	5	6	6	8	8	10
H	30	35	40	45	50	60	70	80
工时	3.5	3.8	4.1	4.4	4.8	5.1	5.6	6

13.压入式、联结式模柄标准

表16 压入式、联结式模柄标准

	d×L	20×78	25×83	30×88	35×105	40×110	50×120	60×140	76×158
	d×D×L				30×70 ×64	40×85 ×78	50× 100×	60×115 ×90	76×136 ×98
	工序			工时					
	车	1.2	1.4	1.6	1.8	2	2.2	2.6	3
	外启	0.7	0.7	0.8	0.8	0.9	0.9	1	1
	划				0.4	0.4	0.5	0.5	0.5
	钻				0.6	0.7	0.8	0.9	1

注:1)指定条件:压入式为棒材,联结式为锻坯,有打料孔

2)无打料孔时,工时乘0.8

14.卸料螺钉标准

表 17　卸料螺钉标准

M	5	6	8	10	12	16	20	24
L	< 50	51~75	76~100	101~125	126~150	151~175	176~200	201~225
工序	工　时							
车	0.5	0.6	0.7	0.8	1	1.2	1.4	1.6
钳	0.2	0.2	0.2	0.3	0.3	0.3	0.4	0.4

注:车工改制乘 0.6

15.导套标准

表 18　导套(无台)标准

d	25	28	32	35	40	45	50	55	60	70	80
L	90	100	110	120	130	140	150	160	170	180	190
工序	工　时										
车	2	2.2	2.5	2.8	3.2	3.6	4	5	6	7	8
内启	1.2	1.3	1.4	1.5	1.6	1.7	1.9	2	2.2	2.3	2.5
外启	0.6	0.6	0.7	0.7	0.8	0.8	0.9	0.9	1	1.1	1.2

注:有台导套×1.2

16.导柱标准

表 19　导柱(无台)标准

d	25	28	32	35	40	45	50	55	60	70	80
L	180	200	250	290	320	360	400	450	500	550	600
工序	工　时										
车	0.7	0.8	1	1.1	1.3	1.6	1.8	2.2	2.5	3	3.5
外启	0.7	0.8	0.9	1	1.2	1.3	1.5	1.7	1.9	2.2	2.5
划	0.2	0.2	0.2	0.2	0.2	0.2	0.2	0.2	0.2	0.2	0.2
钻	0.3	0.3	0.3	0.4	0.4	0.4	0.4	0.5	0.5	0.5	0.5

注:有台导柱乘 1.3

17.挡料销标准

表20　挡料销标准

D	< 8	10	12	15	18	20	25
L	< 10	10	14	18	18	20	22
工序	工　时						
车	0.4	0.4	0.4	0.4	0.4	0.4	0.4
外启	0.5	0.5	0.5	0.5	0.5	0.5	0.5
平启	0.3	0.3	0.3	0.3	0.3	0.3	0.3

18.圆切刀标准

表21　圆切刀标准

D	14	20	24	30
L	30~38	38~46	46~54	54~65
工序	工　时			
车	0.4	0.4	0.5	0.5
钳	0.3	0.3	0.3	0.3
铣	0.7	0.7	0.7	0.7
外启	0.6	0.6	0.6	0.6
平启	0.7	0.7	0.7	0.7

19.弹簧标准

表22　弹簧标准

d	2	3	4	5	6	8	10	12	14	16
L	< 50	51~75	46~100	101~125	126~150	151~175	176~200	201~225	226~250	251~300
工序	工　时									
车	0.4	0.5	0.6							
锻				0.8	1	1.2	1.4	1.6	1.8	2
钳	0.2	0.2	0.3	0.3	0.4	0.4				
启					0.5	0.6	0.7	0.8	0.9	1

20.圆凸模、导正销标准

表23　圆凸模、导正销标准

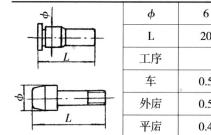

ϕ	6	12	18	25	32
L	20	40	60	80	100
工序	工　时				
车	0.5	0.6	0.7	0.8	1
外启	0.5	0.6	0.7	0.8	1
平启	0.4	0.4	0.4	0.5	0.5

21.圆凹模标准

表24　圆凹模标准

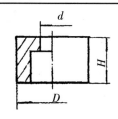

指定条件
材料　T10A

d	30	40	50	65	90	120	155	200	260	340	440	560
D	100	120	146	176	210	260	310	380	450	550	660	800
H	30	34	39	44	50	56	64	73	82	93	106	120
工序	工　时											
车	2.5	3	3.8	4.6	5.7	7	8.6	10.5	13	16	20	24
平启	0.4	0.5	0.6	0.7	0.8	0.9	1.1	1.3	1.5	1.8	2.1	2.5
内启	1.2	1.4	1.7	1.9	2.3	2.7	3.1	3.7	4.3	5.1	6	7

22.凸模类标准

表25 凸模类标准

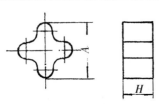

指定条件
材料 T10A

A	50	100	150	200	250	300	350	400	450	500
H	100	110	125	136	150	165	184	204	226	250
工序	工 时									
钳划	2	2.2	2.3	2.5	2.7	2.9	3.2	3.4	3.7	4
铣	3.5	4.8	6.8	9.6	14	20	28	40	57	80
成店	8	12	16	24	32	40				
曲店			16	24	32	40	48	56	64	72

23.凹模类标准

表26 凹模类标准

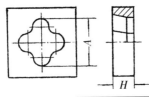

指定条件
材料 T10A

A	50	100	150	200	250	300	350	400	450	500
H	15	20	30	40	50	60	70	80	90	100
工序	工 时									
钳划	2.5	2.7	2.9	3.1	3.4	3.7	4	4.3	4.6	5
铣	2	3	4.5	7	10	15	23	32	45	60
钳修	8	10	13	16	20	24	30	40	50	64
精修	8	10	13	16	20	24	30	40	50	64

注:预钻铣刀孔

24.型面类标准

表 27　型面类标准

m²	0.01	0.05	0.1	0.15	0.2	0.25	0.5	0.75	1	1.25	1.5	1.75	2
工序	工时($T_工$)												
粗铣	2.5	7	11	18	24	30	60	90	120	150	180	210	240
仿铣	3	8	13	20	28	35	65	95	125	155	190	220	250
钳修	4	8	15	22	28	35	65	95	125	155	190	220	250
抛光	4	8	15	22	28	35	65	95	125	155	190	220	250

　　注:1)粗铣余量＜50,仿铣余量＜10,钳修余量＜0.5

　　　2)工件曲线起伏变化较大时,可酌情增加工时

表 28　仿型件装卸标准

重量(KG)	100	300	500	1000	2000	3000	4000
$T_装$	2	3	4	5	6	7	8

25.粗铣标准

表 29　粗铣标准

cm³	220	320	470	680	1000	1460	2130	3100	4530	6610	9650	14100	20600	30000
$T_工$	1	1.3	1.7	2.2	2.9	3.8	5	6.5	8.5	11	14.5	19	25	32

表 30　粗铣装卸标准

重量(KG)	＜20	50	120	280	680	1700	4000
$T_装$	0.3	0.5	0.7	1.1	1.7	2.6	4

26. 电加工标准

表 31 电加工标准

mm³	3000	6000	9000	12000	15000	18000	21000	24000	27000	30000	33000	36000	39000	42000	45000	48000	51000
T工	1	2	3	4	5	6	7	8	9	10	11	12	13	14	15	16	17

注:1) 指定条件:加工设备 D6140,余量 1mm,电极 石墨,粗糙度 $\frac{3.2}{\nabla}$,材料 T10A

2) 装卸时间:根据工件大小酌情增加工时 0.5~1

3) 最小工时不<1

27. 线切割标准(计算公式)

$$T = \frac{加工面积\ mm^2}{1000mm^2} \times 1.2 + 1$$

注:1) 包括装卸时间

2) 不包括编程时间

28.镗孔标准

表32　镗孔标准

ϕ	< 10	20	30	40	50	60	80	100	120	140	160	180	200
H	工时($T_工$)												
< 20	1	1.1	1.2	1.3	1.4	1.5	1.7	1.9	2.1	2.3	2.5	2.7	3
40	1.2	1.3	1.4	1.5	1.6	1.8	2	2.2	2.4	2.7	2.9	3.1	3.4
60	1.4	1.5	1.6	1.7	1.8	2	2.2	2.5	2.7	3	3.3	3.5	3.8
80	1.6	1.7	1.8	1.9	2	2.2	2.5	2.8	3	3.4	3.7	4	4.3
100	1.8	1.9	2	2.1	2.3	2.4	2.7	3	3.4	3.7	4	4.4	4.7
120		2.1	2.2	2.3	2.5	2.6	3	3.3	3.7	4	4.4	4.8	5.2
140		2.3	2.4	2.5	2.7	2.8	3.2	3.6	4	4.4	4.8	5.2	5.6
160		2.5	2.6	2.7	2.9	3	3.5	4	4.3	4.8	5.2	5.6	6
180			2.8	3	3.2	3.3	3.7	4.2	4.7	5.1	5.6	6	6.5
200			3	3.2	3.4	3.6	4	4.5	5	5.5	6	6.5	7

注:指定条件:材料 45,粗糙度 $\sqrt{\frac{1.6}{}}$,精度 H7

　　工艺条件 ϕ > 80 时预钻孔,软镗

表33　工艺修正系数

工艺条件	无预钻孔	半精镗	精镗	硬精镗	低于$\sqrt{\frac{3.2}{}}$
K	1.3	0.7	0.7	0.8	0.7

表34　镗孔装卸标准

重量kg	< 20	500	1000	2000	3000
工时($T_装$)	0.5	2	3	4	5

注:超重、超长工件需支承架时,酌情增加2~4 小时

29.钻孔标准

表 35　钻孔标准

ϕ	< 10	13	17	22	28	36	46	60
H	工时(分)							
< 20	3	4	5	6	8	10	12	15
25	4	6	7	8	11	13	16	19
32	6	8	9	11	14	17	20	25
40	8	10	13	15	19	23	27	32
50	11	14	17	20	25	30	35	42
63	16	19	23	27	33	39	45	54
80	22	26	31	36	43	51	59	70
100	31	36	42	49	57	67	77	90
127	43	50	58	66	76	88	101	116
160	60	68	78	89	100	115	132	150

　　注:1)必要时增加装卸工时 0.1~0.5 小时

　　　　2)最小工时不 < 0.2

　　　　3)攻绕工时按钻孔工时:机攻乘 1.5,手攻乘 3

　　　　4)铰孔工时按钻孔工时乘 3

　　　　5)手电钻按钻孔工时乘 3

30.总装标准(计算公式)

$$T=(a+b) \times k+c$$

　式中　　T——总装工时

　　　　　a——零件总数※

　　　　　b——模具重量 kg/100※

　　　　　k——模具复杂系数

　　　　　c——紧螺钉工时 × 螺然总数

表36 模具复杂系数

模具类别	杆具	钻具	夹具	切断	压弯	翻边	成形拉延	单冲裁	2复合	3复合	多孔	级进	复盖件
K	0.6	0.7	0.8	0.9	1	1.2	1.4	1.6	1.8	2	2.2	2.5	3

表37 紧螺钉标准

M	<8		10		12		16		20		24		30
工时	0.1		0.12		0.14		0.17		0.21		0.25		0.3

注:1)螺钉、垫圈、限位器、打杆、顶杆、推杆、打板均不计入零件总数

2)模具重量<100kg时,b=1

3)表列各类模具为一般结构,特别复杂的可酌情增加工时

31.试模标准

表38 试模标准

重量 kg	<200	300	500	1000	1500	2000	2500	3000	4000	5000	6000	7000	8000	9000	10000
工时	2	3	4	5	6	7	8	10	12	14	16	18	20	22	24

32.油漆、装箱标准

表39 油漆、装箱标准

木箱尺寸	长	220	330	440	550	830	1100	1650	2200	2750
	宽	180	270	360	450	670	900	1350	1800	2250
	高	200	300	400	500	600	800	1000	1200	1500
工序						工时				
油漆	(模板)	0.4	0.5	0.6	0.8	1	1.5	2	2.5	3
装箱	(制箱)	2	2.5	3	4	6	8	10	12	16

第六章　定员管理

定员管理是根据企业既定的产品及工作,本着精简、高效、科学合理的原则,确定各类人员的编制,以保证顺利完成任务。因此,定员管理也是企业一项重要的基础管理。

对模具行业而言,定员管理的关键是生产工人定员,其实质是各工种比例问题。至于辅助生产工人及其他非生产人员,可依据国家有关规定,以生产工人为基础,按比例或岗位及实际需要编制,无须赘言。

本章重点论述确立各工种比例的依据、方法、具体比例及影响比例的因素,具有很强的实用性,希望有助于改善模具行业定员管理。

一、模具生产各工种比例的意义

模具生产是各工种配合、协同劳动的复杂过程。因此,模具生产必须把各工种按一定比例组成合理的劳动组织,方能有效地进行生产。所以,各工种比例具有十分重要的意义。其主要意义是:

(1)合理编制定员,有效利用人力资源,优化劳动组合。

(2)科学利用工作时间,连续地、均衡地、有节奏地组织生产,避免窝工、待工、赶工等无序的生产状况。

(3)提高劳动生产率,增加经济效益。

(4)合理地采购布置生产装备,减少资金及设备的积压和浪费。

从上面的分析可知,模具生产各工种比例是非常实用的,非常重要的。尤其对新组建的模具生产单位,具有决定性的指导意义。

各工种比例,在模具生产企业主要表现为两种形式,即工时比例和定员比例。这两种形式,有时是一致的,有时则不尽相同,这主要取决于企业的生产技术组织条件。

二、确立模具生产各工种比例的依据及方法

(一)确立模具生产各工种比例的依据

鉴于模具生产各工种比例的重要性,确立各工种比例,必须结合模具企业生产经营特点,以工时定额统计资料为依据,从劳动管理及技术管理的层面加以解决。

为确立合理的各工种比例,所依据的工时定额统计资料,必须具有真实性、准确性。真实性来自完备而严格的统计制度,准确性来自先进合理的技术定额标准。而先进合理的技术定额标准来自生产工艺的标准化。

(二)确立模具生产各工种比例的方法

因模具结构及生产工艺特点不同,确立各工种比例的方法亦有所不同。

锻模结构及生产工艺具有较大的相似性,劳动定额标准多采用以产品为主导的原则。所以,确立锻模各工种比例,采取按定额标准统计各工种工时定额的方法。

冲压模结构复杂,生产工艺不具有相似性,劳动定额标准采用以工艺为主导的原则。所以,确立冲压模各工种比例,采取按模具品种分类,汇总工时定额统计资料,最后经加权修正的方法。

这里需指出的是,所依据的各类冲压模工时定额统计资料,必须是大量的、准确的。否则,所确定的比例将缺乏准确性。

三、模具生产各工种比例

(一)模具生产各工种比例

通过上面论述的依据及方法,所确定的模具生产各工种比例,对模具生产单位的生产管理及劳动管理无疑具有重要的指导意义。为使它更加适应产品类型不同的生产单位的需要,比例表不仅较详细地列出了生产5种模具各工种的工时比例,而且,还列出了生产各种冲压模的综合比例,及冲锻模综合比例。为便于理解及更加适用,比例表同时还列出冲锻模综合各工种实际定员,以便与各工种工时比例相对照,供模具生产单位权衡采用。

模具生产各工种工时、定员比例表

模具类别	各工种工时比例(%)												
	锯	锻	热	焊	车	铣	刨	插	镗	磨	电	钻	钳	木
冲裁模	3	3	8		6	13	7	1	3	9	3	4	35	5
弯曲模	3	4	9		2	8	18		4	6		4	31	11
成形模	1	1	9		2	16			2	6		4	44	6
冲模综合	2.5	3	8.6		3	13	12	1	3	7	1.5	4	34.4	7
圆形锻模		9	19.5		22.3	7	14.4			.1		0.9	23.6	2.3
异型锻模		5	10.5		1.2	21	8			1.2	3.5	0.4	48	1.2
冲锻模综合	2	6	10		11	11	11	1	2	6	7	2	28	2
冲锻模综合实际定员	各工种人员比例(%)												
	3	6	6	2	11	16	11	1	2	8	4	2	26	2

(二)模具生产各工种比例的说明

为便于正确理解及合理采用,有必要对比例表做如下说明。

(1)锯工工时比例来自下料工时。

(2)锻工工时比例,圆形锻模大于导形锻模,是因为在相同的尺寸规格下,即在锻造工时相同时,圆形锻模小于异型锻模加工总工时造成的。

(3)热处理工时比例,包括模具退火、淬火总工时。

(4)焊工工时比例经加权处理。因其工时来自返修补焊及工艺点焊,大多属于非正常工艺工时,且数量极少。

(5)木工工时比例包括制箱装箱工时。

(6)各工种人员比例为某厂某年度实际定员比例。

(7)表中各种比例均属生产工人范围,不包括辅助生产工人及其他人员。

(三)影响各工种比例的因素

模具生产各工种比例问题,是一个变数较多、比较复杂的问题。除定型模具外,从根本上讲,不可能做到非常准确。其主要影响因素有:

(1)模具结构复杂程度不同;

(2)模具生产工艺不同;

(3)模具品种结构不同;

(4)企业生产技术组织条件不同。

鉴于上述分析,应当承认,模具生产各工种比例求得相对准确才是现实的、合理的。

这里还需要指出,模具生产各工种工时与定员比例,是不同的两个概念。相对而言,工时比例是一定的,是基础,是前提。而各工种定员主要是以工时比例为基础确定的,其主要方式有:

(1)按工时定额比例定员;

(2)按班次定员;

(3)按工时定额比例兼应急方式(加班加点)定员;

(4)按岗位定员。

从以上分析可知,模具生产各工种工时比例与定员比例,是可以不同的。从多数企业的生产实践可以得到证明,本文比例表也充分说明这一点。

总之,通过本章论述可以得出这样的结论,模具生产各工种工时比例是有技术依据的,是比较准确的,从而也是实用的。以各工种工时比例为基础,结合生产技术组织条件,综合权衡定员,也是合理可行的。毫无疑问,各工种比例对模具生产单位具有非常重要的指导意义。

第七章 价格管理

一、模具行业价格问题的症结

在模具生产经营活动中,由于自身特点的制约,普遍存在的问题是经营管理落后于技术及装备的发展。在落后的管理工作中,首先是模具价格问题,即签订生产合同时模具价格计算不准的问题。

为此,本章就模具生产的主要品种、锻模及冲模价格计算方法分别加以论述,以期建立科学合理的供需双方都能接受的算法,从而改善提高价格管理水平。

(一)构成模具价格的因素及现行算法的缺陷

要想求得问题的解决,我们必须对构成价格的因素逐一进行分析,从中找出可行的办法。根据常识,简单说,模具价格主要由料费和工费两部分构成,这样,模具价格可表述为:

模具价格 = 材料价格 × 材料毛重 + 工时价格 × 工时

上述计算公式,从理论上讲无疑是正确的。然而,从实践上说却是行不通的。

具体说,由于模具生产经营特点的制约,在计算价格时受时间限制,不可能也无法按生产工艺要求,逐件累加材料毛重,更无法获得模具生产总工时。同时,也不可能按所涉材料价格及工时价格逐一计算。显然,这种理论计算是行不通的,更谈不上满足既快捷又准确的实际要求。

事实上,在多年的生产经营活动中,供需双方大多采用吨位计算法或料费翻倍法来计算模具价格。这些算法的好处是快捷但过于粗略,与实际费用差距较大,显然不够准确,都不能满足既快捷又准确的要求。

(二)模具行业生产经营的特点对价格计算的要求

上述问题都是实际存在并需认真应对的。而模具价格计算问题,因模具行业特点,尤其是受单件生产来得急要得快、生产周期短、技术准备不充分的直接影响,在计算价格时不可能有充裕时间进行详尽而准确的计算。其次因模具行业经济效益差,迫使经营人员在定价时至少要保证不亏损,进而有所盈利。因此,要求经营人员在尽可能短的时间内,做出尽可能准确的计算,为企业生存把好第一关。

所以,我们必须寻求一种有理有据,既不粗略,又不繁琐,供需双方都能接受,相对准确而快捷的实用的计算方法,使模具行业的经营活动趋于公平合理,进而促进社会经济的均衡发展。这便是模具行业价格问题的症结,也是摆在我们面前的一道棘手的亟待解决的难题。

二、锻模价格技术计算法

(一)锻模生产技术特点

在探求锻模价格合理解决方案时,除模具行业生产经营特点外,还必须充分认识锻模生产技术特点。这就是:

(1)外形齐整,多为矩形;

(2)分模面形状复杂;

(3)型腔种类多且形状复杂;

(4)加工技术难度大;

(5)工序复杂流程长;

(6)模具结构及生产工艺可比性强。

这些特点,对解决锻模价格计算问题产生多方面影响,有利有弊,弊大于利。因此,我们必须在认真分析论证的基础上,针对不同特点,采取不同方式,妥善应对,以求得问题的解决。

(二)锻模价格技术计算法的依据及原理

与冲模价格计算相比,因锻模件数少,外形较齐整,重量计算较为简单,理论计算即可满足既快又准的要求。而工时计算则同样困难。究其原因,理论计算是不可能的,而估算法则不够准确,无法满足要求。因此,我们必须寻求一种新的科学的计算方法以满足要求。

根据上面的分析及锻模外形简单、型腔具有类比性的特点,鉴于锻模生产工艺及劳动定额已经标准化,在此基础上,根据价格计算的需要,把工艺时间按基础工时、导锁工时、分模面工时分类汇总,这样便获得锻模上述结构的加工工时。而型腔部分,则根据不同型腔所具有的类比性,以终锻型腔为标准,确立型腔之间及同一型腔各工种之间的各种系数。这样,我们就获得各种型腔、各工种的加工时间。

依据上述原理,我们还必须用数理统计方法,对大量的工时统计资料做系统的验证,并做必要的修正。以此为依据,最终确立锻模价格技术计算法。这种技术计算法,建立在锻模生产工艺及劳动定额技术标准的基础上,具有充分的依据。它的依据决定了它的技术性及准确性。

(三)锻模材料重量的计算及材料价格

因锻模件数少,外形齐整,重量计算较为简单。只要按名义尺寸加余量,按理论算法计算即可。这样做,既快又准,双方均无争议。但要特别注意,分模面如有凸起,必须加上凸起尺寸。

锻模所用材料,种类较少。当前,多采用5CrNiMo,其价格各地略有差异,大致为1.1万元/吨。在计算时,可直接采用该价格。

上述算法及价格,异型或圆形锻模及切边模均可采用。

(四)工时平均价格的确定

根据上述原理及公式求得的工时，为各工种及规格相近的各种设备的总工时。所以，在计算价格时，还应确定与之相应的各工种各种设备的平均价格。为此，我们需要了解影响工时平均价格的各种因素。影响因素主要有下列几种：

(1)各工种各种设备有各不相同的价格；

(2)同一种设备不同规格有不同规格；

(3)同一种工件可在不同设备上加工；

(4)不同企业有不同价格；

(5)不同地区有不同价格。

针对上述影响价格的因素，及模具行业对价格计算既快又准的要求，统筹兼顾，我们只能以某地区或某企业为依据，高度概括地确立各工种各种设备的工时平均价格，具体做法如下：

(1)在计算价格时，我们不可能知道具体的加工工艺及使用设备。但模具重量与使用设备规格有直接关系，我们可依据生产工艺合理、工件大小与设备规格相匹配的原则，用已知的模具重量表示未知的设备规格，并按公比设置合理的步距。

(2)收集某一地区有代表性的企业的各工种、各种设备、各种规格的工时价格，求出若干组规格相近的不同设备的工时平均价格，并按公比设置相应步距。

(3)地区之间及企业之间的价格差异，可依据市场规则用不同系数折算，以求公平合理。

这样建立的工时平均价格，在锻模价格计算时，可直接采用。如表1所示。

表 1   锻模加工工时平均价格

kg/单块	60	81	110	148	200	270	365	493	666	900	1216	1640	2220	3000
元/小时	12	14	16	18	21	24	27	31	36	41	47	53	61	70

（五）异型锻模加工工时的技术计算法

锻模生产工艺及劳动定额的标准化，为锻模价格技术计算奠定了良好的基础。根据上述依据及原理，把加工工艺过程工时按锻模结构部位分类汇总、推导，求出各部分工时。具体步骤如下：

1.基础结构工时的汇总

相对于锻模工作部位结构，即各种型腔、模体及其他附属结构，称为基础结构。以此为单元分别汇总标准工时。基础结构主要有以下几种：

（1）模体部分

模体部分主要包括模体毛坯的制备，外形、燕尾、键槽及抬孔的加工。将这部分工艺时间汇总，即得到模体部分工时。

（2）导锁部分

导锁部分主要指模面四角导锁的加工工时。

（3）异型分模面部分

锻模异型分模面，主要分中间凸起（A 型）和通长凸起（B 型）两种。把它们不同的工艺时间分别汇总，得到异型分模面工时。

2.型腔结构工时的计算

由于锻模结构的特点，我们无法用汇总标准的办法求得型腔工时，通过长期摸索，利用不同锻模及同一锻模不同型腔间的类比性，首先以不同锻模的终锻型为标准，按所耗费工时多少划分复杂等级。并建立各级终锻型腔的标准工时。这样，我们就可以终锻型腔为标准，用系数来折算其他型腔及各工种的工艺时间。具体操作步骤如下：

（1）以锻件为参照，以耗费工时为依据，划分各种终锻型腔的复杂等级。

（2）建立不同等级、不同规格的终锻型腔机的加工工时标准。

（3）以终锻型腔机加工工时为标准,建立与其他各种型腔的折算系数。

（4）以型腔机加工工时为标准,建立与其他各工种间的折算系数。

通过上述标准及相应的系数,可以求得任何锻模各种型腔加工总工时。其计算公式是:

$$T=T_1 \times K_1 \times K_2$$

T——型腔总工时　　　　　　　　　　小时／套

T_1——异型终锻型腔机加工标准工时　　小时／套

K_1——各型腔系数和

K_2——各工种系数和 =4.2

则,该公式可简化为:

$$T=4.2T_1 \times K_1$$

公式有关计算资料见以下表2。

表2　异型终锻型腔复杂等级

名　　　称	复杂等级
扇形板	1
锁销　连接杆　拉杆接头　弯头　连杆	2
B 型变速叉　调节杆	3
三通　S 形曲轴	4
接头　扇形轮轴　十字轴	5
拉杆接头　减震器上支架　转向横拉杆接头	6
上提升杆接头　气门摇臂	7
A 型变速叉　提升臂	8
转向节　转向摇臂	9
弯曲转向摇臂	10
吊钩　三销轴　梅花扳手　前蹄片臂	11
转向节叉　连杆　三凸轮轴	12
前拖钩	13
连接臂	14
四拐曲轴	15

表3　异型终锻型腔复杂等级图例

名称	扇形板	复杂等级	1			

名称	锁销	复杂等级	2	名称	拉杆接头	复杂等级	2

名称	连接杆	复杂等级	2	名称	弯头	复杂等级	2

名称	连杆	复杂等级	2			

续表3

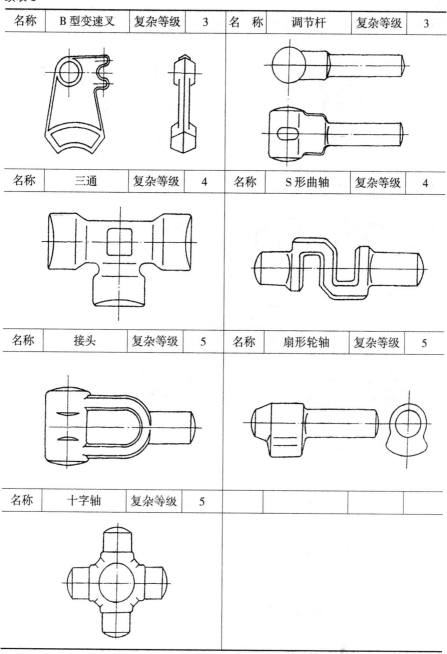

名称	B 型变速叉	复杂等级	3	名　称	调节杆	复杂等级	3
名称	三通	复杂等级	4	名称	S 形曲轴	复杂等级	4
名称	接头	复杂等级	5	名称	扇形轮轴	复杂等级	5
名称	十字轴	复杂等级	5				

续表3

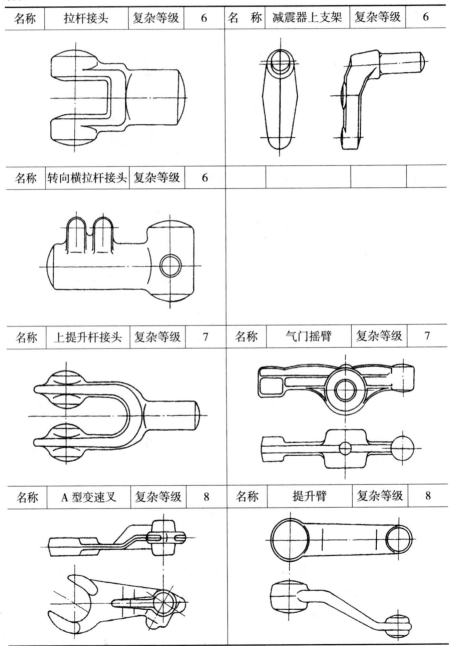

名称	拉杆接头	复杂等级	6	名　称	减震器上支架	复杂等级	6

名称	转向横拉杆接头	复杂等级	6

名称	上提升杆接头	复杂等级	7	名称	气门摇臂	复杂等级	7

名称	A 型变速叉	复杂等级	8	名称	提升臂	复杂等级	8

续表3

名称	转向节	复杂等级	9	名 称	转向摇臂	复杂等级	9
名称	弯曲转向臂	复杂等级	10				
名称	吊钩	复杂等级	11	名称	三销轴	复杂等级	11
名称	梅花扳手	复杂等级	11	名称	前蹄片臂	复杂等级	11

续表3

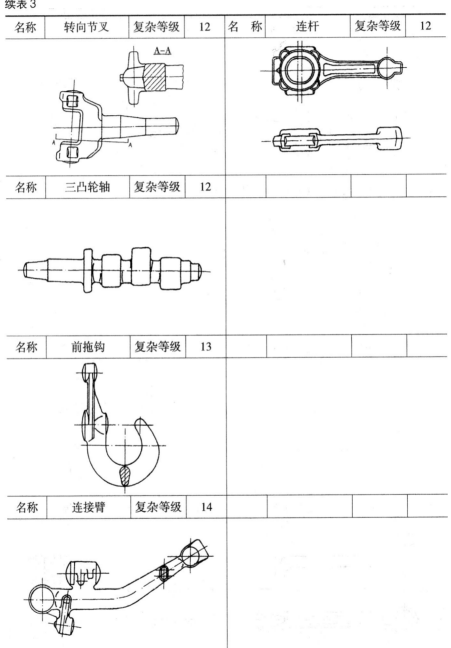

名称	转向节叉	复杂等级	12	名　称	连杆	复杂等级	12
名称	三凸轮轴	复杂等级	12				
名称	前拖钩	复杂等级	13				
名称	连接臂	复杂等级	14				

续表3

名称	四拐曲轴	复杂等级	15				

表4　异型终锻型腔机加工标准

复杂等级	终锻型腔规格（均长＋均宽）×深													
	100×25	150×25	200×30	250×30	300×35	350×35	400×40	450×45	500×50	550×55	600×60	650×65	700×70	750×75
	小时/套													
1	3.6	5.3	7	8.8	10.5	12.2	13.9	15.7	17.4	19.1	20.8	22.6	24.3	26
2	4	6.1	8.2	10.2	12.3	14.4	16.5	18.5	20.6	22.7	24.8	26.8	28.9	31
3	4.4	6.8	9.2	11.6	14	16.4	18.8	21.3	23.7	26.1	28.5	30.9	33.3	35.7
4	4.8	7.6	10.3	13.1	15.8	18.6	21.3	24.1	26.8	29.6	32.3	35.1	37.8	40.6
5	5.2	8.3	11.4	14.5	17.6	20.7	23.8	26.8	29.9	33	36.1	39.2	42.3	45.4
6	5.6	9	12.4	15.8	19.3	22.7	26.1	29.5	32.9	36.3	39.8	43.2	46.6	50
7	6	9.8	13.5	17.3	21.1	24.8	28.6	32.4	36.2	39.9	43.7	47.5	51.2	55
8	6.4	10.5	14.6	18.8	22.9	27	31.1	35.3	39.4	43.5	47.6	51.8	55.9	60
9	6.8	11.3	15.8	20.2	24.7	29.2	33.7	38.1	42.6	47.1	51.6	56	60.5	65
10	7.2	12	16.9	21.7	26.5	31.4	36.2	41	45.8	50.7	55.5	60.3	65.2	70
11	7.6	12.8	17.9	23.1	28.2	33.4	38.5	43.7	48.9	54	59.1	64.3	69.4	74.6
12	8	13.5	19	24.5	30	35.5	41	46.4	51.9	57.4	62.9	68.4	73.9	79.4
13	8.4	14.2	20.1	25.9	31.8	37.6	43.4	49.3	55.1	60.9	66.8	72.6	78.5	84.3
14	8.8	15	21.1	27.3	33.5	39.6	45.8	52	58.2	64.3	70.5	76.7	82.8	89
15	9.2	15.7	22.2	28.8	35.3	41.8	48.3	54.9	61.4	67.9	74.4	81	87.5	94

表5　各种型腔间系数K值

名称	终锻	预锻	滚压	延伸	压弯	切断
K	1	1	1	0.5	0.5	0.4

3.异型锻模加工总工时的计算

根据以上推导，锻模各部分加工时间均已解决。则总工时的计算公式如下：

$$T=T_1+T_2+T_3$$

式中 T——锻模加工总工时　　　　　　　　　　小时/套

T_1——模体部分工时　　　　　　　　　　　　　　小时 / 套

T_2——导锁工时;A 型分模面工时;B 型分模面工时　小时 / 套

T_3——型腔总工时　　　　　　　　　　　　　　　小时 / 套

公式中有关计算资料见表 6。

表 6　锻模加工工时分类汇总表

锻模规格	(长 + 宽)×高													
	400×200	500×250	600×300	700×350	800×400	900×400	1000×400	1100×450	1200×450	1300×450	1400×450	1500×450	1600×450	1700×450
	小时 / 套													
模体部分	92	121	151	180	209	238	268	297	326	355	385	414	443	472
导锁部分	22	29	37	44	51	58	66	73	80	87	95	102	109	116
A 型分模面	25	31	38	44	50	56	63	69	75	81	88	94	100	106
B 型分模面	24	28	31	35	38	42	45	49	52	56	59	63	66	70

(六)异型锻模价格技术计算法

通过上面的论述,构成锻模价格的主要因素已逐一解决。那么,成套锻模价格的计算法也就迎刃而解。其公式是:

$$P=P_1 \times G+P_2 \times T$$

式中　　P——锻模价格　　　　　　元 / 套

　　　　P_1——材料价格　　　　　　元 /kg

　　　　G——材料毛重　　　　　　kg/ 套

　　　　P_2——工时平均价格　　　　元 / 小时

　　　　T——加工总工时　　　　　小时 / 套

为解决某些坚韧的高合金材料对加工工时的影响，以及来自市场和企业的某些变动，可采用系数法做适当修正，以满足企业的需要，如表 7 所示。

表7　锻模价格修正系数

系数名称	修正对象	K	使用说明
材料系数	工时	1.2~1.4	高合金钢耗时增加
企业系数	总价格	0.8~1.5	市场行情及企业需要

(七)异型锻模价格技术计算法的准确性

为说明异型锻模价格技术计算法的准确性,我们从原始统计资料中随机抽样,用工料折算法和技术计算法对多个项目进行对比验证,以明优劣。如表8所示。

表8　异型锻模价格技术计算法与折算法对比表

项目	异型锻模名称								
	连杆	摇臂架	三通	扇形轮轴	转向节销	后制动臂	左右臂	刮板	外月牙板托
	外形尺寸(长＋宽)×高								
	500×250	500×250	500×250	600×320	800×250	900×400	1000×325	1600×450	1700×400
模体工时　小时/套	121	121	121	151	209	238	268	443	472
导锁工时　小时/套	29		29	37			66		
A 型分模面　小时/套									
B 型分模面　小时/套						42		60	70
型腔工时　小时/套	80	138	58	98	76	420	242	1470	1470
总工时　小时/套	230	259	208	286	285	700	576	1979	2012
工　费　元/套	4140	4662	3744	6864	7695	25200	20979	128635	132792
毛　重　kg/套	292	292	292	520	716	1409	1443	5083	5106
料　费　元/套	3212	3212	3212	5720	7876	15499	15873	55913	56166
折算价　元/套	6424	6424	6424	11440	15752	30998	31566	111826	112332
计算价　元/套	7352	7874	6956	12584	15571	40699	36852	184548	188958
差价(折－计)　元/套	−928	−1450	−532	−1144	+181	−9701	−5246	−72722	−76626
差价/计算价　%	−13	−18	−8	−9	+1	−24	−14	−39	−41

表中前七项均为计算法数据，折算法的七项全部空白，对锻模加工难易，耗费工时大小、价格高低毫无反映。而技术计算法所有项目准确无误，一目了然。从总价格上看，折算法误差较大，最大误差达 –41%。所以，折算法速度虽快，但误差大，终不可取。

通过对比可知，前者属于经验估算法，后者属于技术计算法，两种算法有本质的区别，其优劣不可同日而语。由此可见，锻模技术计算法是较为理想的，可满足既快又准的要求，具有良好的实用性和无可争议的合理性。因此，在实际使用时，可避免无谓的分歧与争议，大大加快合同签订的速度，实现了双方均感公平合理的期望。同时，也必然间接地理顺了社会生产协作关系，促进了经济的和谐发展。

（八）切边模价格技术计算法的依据及原理

切边模是与锻模配套使用的必不可少的工艺装备，是模具行业主要的生产品种。在生产经营活动中，切边模与锻模有相似之处，而结构较锻模简单。凹模工作部分为锻模型腔的外轮廓，呈平面曲线，凸模虽是空间曲线，但只传递动力，形状、精度要求不高。在生产管理中，也已实现工艺及劳动定额的标准化。所以，同样可对定额标准工艺过程分别汇总，以求得加工工时，并通过数理统计技术手段，对工时统计资料进行验证和必要的修订，从而建立切边模价格技术计算法。

这种计算法的确立，必须以技术性的劳动定额标准和大量的工时统计资料为基础和条件，以保证它的技术性和准确性。

（九）切边模加工工时的计算

因切边模生产工艺及劳动定额已经标准化，在计算切边模价格时，直接采用经验证后的定额标准总工时即可。如表 9 所示。

表9　切边模加工工时

凸模外形尺寸	(长 + 宽)×高													
	200×100	300×120	400×140	500×160	600×180	700×200	800×220	900×240	1000×260	1100×280	1200×300	1300×330	1400×360	1500×400
加工工时小时/件	33	49	65	83	100	117	140	160	184	209	234	259	285	312
凹模外形尺寸	(长 + 宽)×高													
	300×40	400×50	500×600	600×70	700×80	800×90	900×100	1000×100	1100×110	1200×110	1300×120	1400×120	1500×130	1600×130
加工工时小时/件	31	43	56	69	82	94	107	120	133	146	160	174	189	204
合计小时/套	64	92	121	152	182	211	247	280	317	355	394	433	474	516

注:如遇有形状特别复杂的情况,可酌情增加工时。修正系数见表10。

(十)切边模价格技术计算法

通过上面的论述可知,因切边模结构形状较简单且生产工艺及劳动定额均已标准化,为切边模价格计算奠定了良好的基础。因此,公式的确立也比较简单。其公式为:

$$P = P_1 \times G + P_2 \times T$$

式中　　P——切边模价格　　　　　元/套

　　　　P₁——材料价格　　　　　　元/kg

　　　　G——材料毛重　　　　　　Kg/套

　　　　P₂——工时平均价格　　　　元/小时

　　　　T——加工工时　　　　　　小时/套

因切边模与锻模有很多相似之处,故切边模的材料价格及工时平均价格可采用锻模的相应价格;材料毛重可采用理论计算法;加工工时可从表9直接查取。

为使价格更加准确合理,或适应企业目标及市场行情变化,可采用不同系数对有关项目加以修正。系数见表10。

表10　切边模价格修正系数

系数名称	修正对象	K	使用说明
复杂系数	工时	1.1~1.3	形状特别复杂的切边模
企业系数	总价格	0.8~1.5	企业目标及市场变动

(十一)切边模价格技术计算法的准确性

通过前面的论述可知，切边模价格技术计算法建立在生产工艺及劳动定额标准的基础上。因此,它有较强的技术性。在实际使用时,材料价格、工时平均价格及总工时均可直接套用。所以,它还具有简单快捷的操作性。

为进一步直观地说明上述论断,我们可通过表11两种算法的对比加以验证。

表11　切边模价格两种算法对比表

切边模(凹模)外形尺寸	(长＋宽)×高													
	300×40	400×50	500×60	600×70	700×80	800×90	900×100	1000×100	1100×110	1200×110	1300×120	1400×120	1500×130	1600×130
材料毛重 kg/套	18	43	79	136	209	314	441	583	765	957	1254	1598	1986	2420
料费 元/套	198	473	869	1496	2297	3454	4851	6413	8415	10527	13794	17578	21846	26620
工时 小时/套	64	92	121	152	182	211	247	280	317	355	394	433	474	561
工费 元/套	768	1104	1452	2128	3094	4220	5928	7840	9827	12425	15366	18619	22752	27864
估算价 元/套	396	946	1738	2992	4594	6908	9702	12826	16830	21054	27588	35156	43692	53240
技术计算价 元/套	966	1577	2321	3624	5391	7674	10779	14253	18242	22952	29130	36197	44598	54484
差价(估－技) 元/套	−570	−631	−583	−632	−797	−766	−1077	−1427	−1412	−1898	−1542	−1041	−906	−1240
差/技　%	−59	−40	−25	−17	−15	−10	−10	−10	−8	−8	−5	−3	−2	−2

注:1)表中以凹模尺寸表示整套切边模

　　2)切边模不包括退料板

从上面的对比可以看出,工料折算法即估算法,眉目不清,误差较大。整体价格偏低,偏差范围从 -2%~ -59%。从误差趋势看,重量越大,偏差越小;重量越小,偏差越大。由此可见,工料折算法既没有理论依据,又缺乏实践验证,毫无准确性可言。而技术计算法具有充分的理论依据和实践基础,表中构成价格的各种项目,清楚完备,一目了然。二者具有本质的区别。

总之,切边模价格技术计算法,不仅具有准确、快捷的实用性,同时,也必然具有无可争议的合理性。

(十二)圆形锻模价格技术计算法

1.圆形锻模的加工工时

圆形锻模以齿轮锻模为代表,是模具生产的主要品种,其生产工艺及劳动定额已经标准化。因此,在计算价格时,加工总工时可通过汇总标准时间而获得。如表 12 所示。

表 12　圆形锻模加工工时标准

模块规格 (长 + 宽)× 高	400 × 200	500 × 250	600 × 300	700 × 350	800 × 400	900 × 400	1000 × 400	1100 × 450	1200 × 450
工时 / 套	153	182	211	232	265	291	317	341	416

2.圆形锻模价格技术计算法

圆形锻模的毛坯重量、材料价格、工时平均价格,可采用异型锻模的方式解决。则价格计算公式如下:

$$P = P_1 \times G + P_2 \times T$$

式中　　P——模具价格　　　　　元 / 套

　　　　P_1——材料价格　　　　　元 /kg

　　　　G——模具毛重　　　　　kg/ 套

　　　　P_2——工时平均价格　　　元 / 小时

　　　　T——加工工时　　　　　小时 / 套

上述公式所求得价格,是以常见的齿轮为典型的锻模价格。遇有形状结构差别较大,或非齿轮类圆形锻模时,可用系数对总工时做适当修正,以使价格更加合理。如表13所示。

表13 圆形锻模修正系数

系数名称	修正项目	K	使用说明
复杂系数	总工时	0.7~1.2	形状结构差别较大

圆形锻模价格技术计算法,同样建立在生产工艺及劳动定额标准的基础上,具有充分的理论技术依据。因此,它属于技术计算法,同样具有较高的准确性。

与圆形锻模配套使用的切边模,因结构简单用户多能自行生产,有些则因锻件过于简单而无需切边,所以数量较少。如需计算价格时,可参照异型切边模,酌情核减价格。

综上所述,锻模价格技术计算法,首次以加工工时为依据,突破经验估算法无工时依据的缺陷,使价格计算有理有据,具有无可争议的准确性、合理性。毫无疑问,这是供需双方都能接受的较为理想的技术计算法,它对促进模具行业的生存与发展无疑具有十分重要的意义。

三、冲模价格技术计算法

(一)冲模生产技术特点

因冲模品种多结构复杂,除模具行业生产经营特点外,在生产技术上还有如下特点:

(1)品种结构复杂,缺乏可比性;

(2)除基础零部件外标准化程度较低;

(3)生产工艺专业化程度较低。

以上特点对冲模价格计算而言是非常不利的,它使探求既快又准的价格计算法变得十分困难。为此,我们必须认真分析把握这些特点,从中找出解决问题的突破口。

（二）冲模价格技术计算的依据及原理

根据上节的分析,在模具生产经营活动中,理论计算法是行不通的,现行的估算法又不够准确。为此我们必须另辟蹊径,以求得既快捷又准确的计算方法。经多年的探索与推导,终于确立了本文论述的全新的冲模价格技术计算法。

这种计算法确立的依据是,对大量冲模各种结构与特点的分析;对生产工艺过程的规律与特点分析;对劳动定额工时资料的汇总与分析;对生产经营活动中,与费用有关的各种项目的筛选与分析;对冲模市场与价格有关的发展态势的审理与分析。最终在上述大量资料总体分析的基础上,运用数理统计原理及方法,对构成冲模价格的主要因素及数据,逐一进行技术处理,并通过大量的推导及验证建立相应的数学模型,从而求得全新的冲模价格技术算法。

通过上述依据及原理可知,这种算法无疑是科学合理的,它属于技术计算法,与经验估算法有本质的区别。下面我们将对构成冲模的四个主要因素,及其具体计算方法分别加以论述。

（三）冲模材料毛坯重量的计算方法

因受模具行业特点的制约,冲模材料毛重的计算,是价格计算的首要难题。按照理论计算,不仅过于烦琐,且因成品尺寸放余量,是工艺人员后续的生产技术准备工作,经营人员在计算时无据可依,极易发生争执,再加上时间亦不容许。由此可见,自放余量,难度大,分歧大,很难协调。而论堆估算又极不准确。为此,我们必须统筹考虑,找到一种相对快捷而又准确的计算方法。

根据国家余量标准及企业实际执行的余量标准,运用数理统计原理及方法,通过数年探索、推导及验证,最后经加权修正,求得能满足上述要求的计算方法。其公式为:

$$G = 1.6742 G_1^{0.9577} \times n$$

式中　　G——冲模毛坯总重量(kg)

$$G_1——冲模技术参数 \quad G_1=\frac{冲模成品重量}{N}$$

n——冲模制造件数(即冲模总件数减去紧固件、定位件)

冲模毛坯重量计算的准确性受多种因素影响。我们无须与极不准确的估算法作比较,为简单明了,在排除其他影响因素后,以单件模板为例,把理论计算结果与本文计算结果加以比较,即可验证公式本身的准确性。(见表1)

表1 单件模板毛重理论算法与技术算法之比较

模板成品尺寸	$800 \times 600 \times 100$	$500 \times 300 \times 20$	$200 \times 100 \times 10$
模板毛坯尺寸	$820 \times 616 \times 120$	$515 \times 310 \times 28$	$210 \times 106 \times 14$
模板净重(kg)	376.8	23.6	1.57
理论算法毛重	475.8	35.1	2.45
技术算法毛重	490.8	34.6	2.58
误差(技－理)(kg)	+15	−0.5	+0.13
误差(差/理)(%)	3	1	5

从以上对比可知,两种算法结果相近,误差小于5%。产生误差的主要原因,一是按实际情况,上述理论计算余量是按个人经验选定的,与标准比,不仅有一定偏差,且缺乏统一性。因此,误差是不可避免的。而技术计算法选定的余量是按尺寸大小依几何级数排列的,公式本身就决定了余量的准确与统一。二是在制坯工序,考虑边角余料不同,本文算法是从生产成本出发,所以,边角余料是必须考虑的。而理论算法是从生产工艺出发,故边角余料不予考虑。因而,这种误差也是必然的。

从整套模具来看,本文算法在选取技术参数时与理论存在一定误差,但较论堆估算误差要小,且误差只影响料费本身,对模具价格影响不大,是可以接受的。然而,对吨位估算法和料费翻倍法来说,因计算时的相乘关系,这些误差在计算价格时将被成倍扩大,所以,对价格影响较大。当然,如果时

间允许,按成品尺寸放余量,经理论计算,逐一累加零件重量,无疑更加准确。

通过上面分析,本文算法虽有一定误差但是可以接受的,较论堆估算要准确。而与理论算法相比,省去了放余量及其由此而来的纷扰,则较为方便快捷。综合考虑,本文算法应该有一定可行性。当然还有待进一步完善与改进,以提高技术性和准确性。

(四)冲模材料平均价格的确定

根据上述公式求出的冲模重量,是整套模具各种材料的总重量。因此,材料价格也必须是与之相应的各种材料的平均价格。这种平均价格,可按该模具各种材料的价格及重量之比加权平均。例如,该冲模有四种材料,其重量比为 1:2:5:1,则计算公式为:

$$P=\frac{P_1 \times 1+P_2 \times 2+P_3 \times 5+P_4 \times 1}{9}$$

式中　　P——冲模材料加权平均价格

　　　　P_1, P_2, P_3, P_4——各种不同材料价格

式中各种材料之比重,因其对冲模价格影响较小,可按冲模结构直接估算或商定。

在成批冲模实际计算时,可依据上述原理及公式,统筹分析材料的种类及比重,另取相应的加权数,建立统一的公式,以求得该批冲模材料的加权平均价格。

这种价格与实际价格有一定偏差,是可以接受的。总之,受模具行业特点制约,应当说这种方法是可行的。

(五)冲模加工工时技术计算法

在构成冲模价格的四个因素中,加工工时是决定性的因素,也是最难确定的。根据以往实践,料费翻倍法和吨位计算法都过粗略,既无理论依据又无技术手段,特别是其中毫无工时概念,纯属经验估算,对求解加工工时毫无参考价值。

为解决此难题,必须收集大量的工时统计资料,并分类整理,用数理统计原理及方法,建立各种数学模型,经逐个筛选,在分别验证的基础上,综合加权修订,最终确立了既快捷又准确的冲模加工工时技术计算法。其公式为:

$$T=8.252X^{0.456}$$

式中　　　T——冲模加工工时

　　　　　X——冲模技术参数　　X=冲模毛坯总重量G×冲模制造件数N

该公式建立在大量工时统计资料的基础上,经技术方法处理,故属于技术计算法。经验证,该公式有较高的准确性,无疑是供需双方都能接受的较为理想的算法。

该公式首次解决了价格计算缺少工时因素的难题,使价格计算变得有理有据,具有无可争议的准确性。因此,该算法与种种经验算法有本质的区别,使冲模价格计算取得突破性的进展。

(六)工时平均价格的确定

根据上述公式求得的工时为各种设备的总工时。因此,在计算冲模价格时,我们还必须确定与之相应的各工种各种设备的工时平均价格。

为此,我们需要了解影响工时平均价格的各种因素。它主要有下列几种:

(1)各工种各种设备有不同价格;

(2)同一种设备不同规格有不同价格;

(3)同一种工件可在不同设备上加工;

(4)不同企业有不同价格;

(5)不同地区有不同价格。

针对上述影响工时平均价格的各种因素,及其对价格计算既快捷又准确的要求,我们必须通盘考虑,高度综合,根据不同需要,以某一地区或某一企业为依据,确定相应的工时平均价格。具体做法是:

(1)根据加工工艺合理,使用设备与工件相适合,即小设备干小件,大设

备干大件的原则,用冲模重量表示相应的设备规格(因冲模重量与工件重量有直接关系,为便于使用,故用已有的冲模重量表示相应的设备规格)并按公比设置适当的冲模重量步距(即设备规格步距)。

(2)根据需要搜集某一地区、某一企业、各工种、各种设备、各种规格的工时价格,以前项设备规格为依据,把同一规格各种设备及各种工时价格加权平均,求出相应的工时平均价格。例如表2。

表2　冲模加工工时平均价格

冲模重量(kg)	100	200	350	600	1000	2000	3500	6000	10000	15000
平均价格(元/小时)	12	15	20	30	40	50	70	90	120	160

表中所列冲模重量为常见范围,工时价格为某地区某企业,加工相应重量冲模所需各工种、各种设备的平均价格。在使用时,可按冲模重量选取相应的工时平均价格。在不同地区使用时,可通过协商,按两地差别进行折算。遇有特殊冲模、特殊设备时,可直接按该设备工时价格计算。

因表中价格及冲模重量(即设备规格)具有高度综合性,在计算冲模价格时,就某一套而言可能存在一定误差。但在多数情况下,即成批计算价格时,因正负消减,误差有缩小趋势。故上述冲模加工工时平均价格是可行的,基本上可满足既快捷又准确的计算要求。

(七)冲模价格技术计算法

通过上面的论述,构成冲模价格的四个因素已分别解决。那么,成套冲模价格的计算方法也就迎刃而解了。其公式为:

$$P=P_1 \times G+P_2 \times T$$

式中　　P——冲模价格　　　　　　元/套

P_1——材料平均价格　　　　元/kg

G——冲模毛坯重量　　　　kg/套

P_2——工时平均价格　　　　元/小时

T——冲模加工工时　　　　小时/套

针对某些冲模形状结构的特殊性，为使价格计算更加合理，更加准确，或为了适应市场行情及满足企业的某些需要，在公式之外可辅之以价格修正系数，在必要时乘入相应的因素，以调控价格，使公式具有更大的适应性。在多数情况下，价格修正系数并不需要，故公式未予表述。其具体数值及使用方法如表3。

表3　冲模价格修正系数

系数名称	修正对象	K 值	使用说明
难度系数	工时	1.1~1.3	级进模、多孔模、形状结构特别复杂的成形模等
企业系数	总价格	0.7~1.5	市场行情变化、企业特别需要

表中难度系数，在出现特殊情况时是必需的，是双方可以接受的。而企业系数的使用易引发争议。必要时，可通过协商、变通以达成共识。

（八）冲模价格技术计算法的准确性

通过系统论述可知，冲模价格技术计算法，是根据模具行业特点，在大量生产统计资料的基础上运用数理统计原理及方法，经统筹论证，系统推导而建立起来的。该公式清晰地表明了构成冲模价格的四个因素，体现了理论结合实际、简易而明了，计算操作快捷而准确。更重要的是，它突破多年来经验估算的范畴，达到技术计算的高度，使它具有较高的理论性、技术性，完全可以满足模具行业对价格计算的实际需要。

为进一步具体直观地说明上述论断，我们还可以通过表4两种算法的对比，来加以验证。

表4　冲模价格两种算法对比

冲模重量	kg/套	10	10	500	500	10000	10000
冲模件数		10	20	12	24	15	30
加工工时	小时/套	67	92	436	598	1892	2595
工时平均价格	元/小时	12	12	30	30	120	120
材料平均价格	元/kg	6	6	6	6	6	6

续表

料费	元/套	60	60	3000	3000	60000	60000
工费	元/套	804	1104	13080	17940	237840	311400
技术计算法	元/(套)(9)	864	1164	16080	20940	297840	371400
吨位算法(3.5万/吨)	元/套(10)	350	350	17500	17500	350000	350000
(10)-(9)差额	元(11)	-514	-814	+1420	-3440	+52160	-21400
(11)/(9)	%	-59	-70	+9	-16	+18	-6

从表4可知,吨位算法在前七项中只反映出重量一项,其余六项完全空白。可见其眉目不清,最终价格是一笔糊涂账。与技术计算法比较,误差从+18%~-70%,误差较大。因此,准确率较低,且强烈地显示出,重量越轻误差越大,同一重量,件数越多误差越大的严重缺陷。而技术计算法在表中显示,构成冲模价格的七个项目,一目了然,准确无误。

通过上面两种算法的对比,可以看出冲模价格吨位计算法及料费翻倍法与技术计算法有本质的区别。前者属于经验估算法,计算较快捷,但准确率很差。后者属于技术计算法,在计算时速度稍慢但准确率极高。显然,后者优于前者,是目前较为理想的计算方法。

冲模价格技术计算法,由于它具有无可争议的准确性,在模具行业生产经营活动中,不仅满足了价格计算相对既快捷又准确的要求,直接促进双方消除争议,尽快达成公平合理的生产协议,同时也因它具有的准确性,必然对理顺生产协作关系,促进社会经济发展起到了积极的作用。

第八章　生产管理

一、模具企业生产活动中的问题及原因

(一)生产活动中的问题

因模具行业生产经营特点的影响,尤其是无固定产品、单件生产、技术准备不充分、工艺流程长、加工难度较大等特点的影响,使企业在生产活动中问题较多。主要表现为:

(1)材料错用及热处理不当;

(2)工件转运差错及遗失;

(3)工艺流程不当及遗漏;

(4)加工差错及返修;

(5)反复试模及修模;

(6)外协件延期及差错;

(7)忙闲不均及待工。

这些问题不仅频繁发生,而且反复发生。以冲模飞锤支架成形模为例。据报道,某单位加工主要工作件凸凹模,因形状复杂,加工难度大,发生返修、报废七次之多,方勉强过关。

（二）发生问题的原因

上述问题多发生在现场。但究其根源却是多层次、多方面的。除行业特点总的影响外，尚有很多具体原因。其中主要有：

（1）管理体制问题；

（2）生产准备问题；

（3）现场调度问题；

（4）操作者责任心及技能问题。

这些多方面的问题，都集中发生在基层组织及生产现场，使生产现场变得异常忙乱而穷于应付。

为此，生产管理者必须针对行业生产特点及问题采取相应措施，以改善生产秩序。

二、生产管理改善措施

（一）强化生产现场服务

根据上面的分析，生产活动中的问题都集中发生在生产现场。因此，必须首先强化生产现场服务。组织有关方面跟班到现场，以便于问题及时有效地得到解决，尽快维持正常生产秩序。

强化生产现场服务，主要有以下措施：

1.调度人员跟班服务

可及时解决工件投放转运问题，工件跨单间协作问题，工件生产计划调整及一切突发工件调度问题。

2.工艺技术人员跟班服务

可及时解决图纸工艺差错问题，加工差错补救问题。

3.辅助生产工人跟班服务

可及时解决工装设备、水、电气、暖运行故障问题。

这些措施必须使之制度化，以保证该措施长期稳定地贯彻执行，从而保障正常的生产秩序。

（二）强化班组职能

从上面分析可知,生产现场问题多发生在生产班组。其中,操作者责任心及技能问题就直接来自班组。因此,必须有针对性地强化班组职能。其主要措施是:

1.配备强有力的班组领导

选配具有一定资历、学历、专业技能,且具有一定管理能力者充当班组领导,强化班组领导管理能力,以降低问题的发生率,并及时处理问题。

2.强化班组职能

除一般应有的工作任务分配权、工作督促管理权、工作总结评价权外,还应加授晋级、奖励、评优、提拔的初选权。务必使班组领导有职有权地管理班组,从而最直接、最有效地改善生产现场秩序。

（三）建立领导跟班制度

根据企业不同规模,执行中高层领导跟班制度,其意义在于:

1.强化领导监督职能

领导亲临现场可强化监督职能,于无形中提高工时利用率,提高工作效率,维护正常生产秩序。

2.及时决策处理现场重大问题

在二班或夜班工作时间内,遇有全局性问题、重大问题,或跨单间协作问题,而中高层领导不在现场时,只能第二天层层汇报领导,经调查研究后方能解决。这样势必延缓生产进度,甚而造成严重后果。

建立中高层领导跟班制度,领导"一竿子扎到底",亲临生产现场,可随时掌握现场情况,及时拍板定夺,以最快的速度、最高的效率解决一切现场问题,从而强有力地维护正常的生产秩序。

（四）应用成组技术改善单件生产方式

成组技术适用于单件、零星生产企业。它可使单件、零星产品,原来按各

自工艺流程流转的单件生产状态,通过成组技术把工件按材料、规格、工序、设备等某些相似的要素分类编组,部分地把单件生产变为小批量生产,改变落后的生产状态,从而提高生产效率,提高产品质量,降低生产成本。因此,成组技术对模具行业来说,是非常实用、非常有效的。其有效性取决于成组技术应用的程度,即范围越广,层次越多,效果越明显。

模具企业应用成组技术包括两个方面。具体做法是:

1.生产准备过程

(1)按模具类型编组投产;

(2)按材料编组投产;

(3)按坯料类型编组投产;

(4)按工种编组投产。

在生产准备过程中,对于同一工件,根据可能的情况可以二次编组投产。在这一过程中,成组技术由生产调度人员在生产图下达及毛坯出库前编组实施。

2.基本生产过程

(1)按材料编组流转;

(2)按工件编组流转;

(3)按设备编组流转;

(4)按工装编组流转。

在基本生产过程中,必须改变工件按各自工艺流程流转的方式,而要按上述四种编组方式流转,工件每完成一道工序,必须转回半成品库,重新编组后流转。转回半成品库重新编组的次数越多,则成组技术应用的效果越好。这样做的结果使每种设备、每种工种的利用和操作都变为小批量生产状态。可节约大量调整设备、更换工装、等待任务的时间,大大减少工时损失,并降低工人劳动强度,从而有效地提高设备工装利用率,提高生产效率,提高产品质量,降低生产成本,最大限度地改善单件生产不良状况。

在这一过程中,成组技术由生产调度人员在半成品库多次编组实施。

总之,模具行业应针对自身特点及生产中存在的问题,强化现场生产管理,强化班组职能,建立领导跟班制度,充分应用成组技术,毫无疑问,这对改善生产秩序、提高生产效率、促进企业的生存与发展具有十分重要的意义。

第九章　质量管理

在我国,对产品质量重要性的认识是尽人皆知的。从新中国成立初倡导的"质量第一"、"质量就是生命"到近年推行的全面质量管理早已深入人心,对产品、工作质量的提高都发挥了积极的作用。

就模具行业而言,对产品质量的重视程度及实际成效良莠不齐,不尽如人意。究其原因,除少数企业对产品质量还不够重视外,多数企业是受行业特点的制约,苦无良策,缺乏科学合理确实可行的具体措施,故而收效甚微。鉴于上面的认识,本章从独特的视角,以多年的工作心得及国外成功的管理经验,结合模具行业实际情况,提出如下理念及措施,旨在提高产品质量,改善质量管理。

一、推行质量分级制

产品质量与工资奖金挂钩的制度多数企业都执行过,但收效甚微。所以如此,最主要的原因是缺乏科学合理、确实可行的考核办法,不能合理地拉开工资奖金的差距,不能实现以经济利益促进产品质量提高的目的,最终只能似是而非,流于形式,不了了之。有鉴于此,必须从考核办法入手,采取如下措施:

(一)建立产品质量分级制

即对产品(工件)质量做定性、定量分析,分别归入下列等级:

(1)优质品

即完全符合图纸技术要求,毫无瑕疵者。

(2)合格品

即与图纸技术要求略有微小差异,毫不影响产品质量,无须返修即可使用者。

(3)返修品

即与图纸技术要求有较大差异,须经返修方能使用者。

(4)废品

即与图纸技术要求严重不符,无法补救,不可使用者。

上述产品质量等级,由质量检验员签注于记工票,作为考核付酬的依据,为质量工资制打好扎实的基础。

(二)按产品质量等级付酬

在质量分级的基础上,认真做好工时及质量等级的统计工作,并使之制度化,为推行质量等级付酬制奠定扎实的基础。因此,必须加大推行力度,制定具体细致的实施办法。例如:

(1)优质品达 80%者,给予 120%的应付报酬。

(2)优质品达 50%者,给予 110%的应付报酬。

(3)优质品不足 50%者,给予 100%的应付报酬。

(4)有返修品者,按返修品损失大小,扣发 10~100 元无应付报酬。

(5)有废品者,按废品损失大小,扣发 50~500 元应付报酬。

以上条例,仅供参考。遇有十分重大质量问题,造成严重后果者,有必要采取降级等更严厉的其他处罚,以示警戒。

实行质量等级工资制,贵在确实可行。要想确实可行,则该办法必须充分考虑企业质量问题的严重程度、企业经济效益、员工收入等实际情况。细

节决定成败,仅有正确的理念是远远不够的。必须做到合理而细致,必须做到赏罚严明。

应该说,以上办法以企业实际情况为基础,较为合理细微,赏罚分明,有较强的可操作性。对激励员工重视并提高产品质量,无疑将有较大的促进作用。

二、模具钳工特殊责任津贴制

模具产品质量取决于所有零件的质量。只有所有零件均为合格品,模具才有可能合格。但模具最终合格与否,还取决于钳工的装配质量。故而模具生产钳工,既担负零件生产任务,又担负模具最终装配的重要任务。因此,相对于其他工种,模具钳工对模具质量责无旁贷地负有特殊重要的责任。

依据上述事实及认识,依据钳工所担负的重要责任,为提高产品质量,我们有理由有必要,完全应该给钳工增发特殊责任津贴,以补偿其工作难度大、责任大所付出的辛劳与贡献,从而更加有效地提高模具产品质量。毫无疑问,实行钳工特殊责任津贴,对模具行业提高产品质量,改善质量管理具有非常积极的意义。

钳工特殊责任津贴的具体数额,可按钳工应发工资的一定比例分成几个档次,本着对钳工既有足够激励作用,又不影响其他工种情绪的原则确定。同时规定,当钳工出现质量问题时,扣发特殊责任津贴也是必要的。它体现了赏罚分明的原则,有利于提高产品质量。

三、力推主动售后服务

产品售后服务是产品生产的延续,是组成产品质量必不可少的一部分。因此,售后服务问题就是质量问题,搞好售后服务就是提高产品质量。

售后服务的重要性在社会各界已形成广泛的认识,厂家商家无不努力搞好售后服务,使顾客满意,从而提高产品信誉,增加销售量。

模具行业多年来也一直努力于售后服务,及时到现场为客户维修模具,以解客户燃眉之急。但鉴于模具行业的困难处境及今后的生存与发展,显然,仅仅做到这样的售后服务是远远不够的。

　　近几年,国外经济学界最前缘研究,依据经济管理、企业管理的发展趋势及日本经济高速发展的奇迹,倡导管理理论大格局,当前应由现代化的科学管理阶段向人性化阶段过渡。我国有些部门及企业也应声而起,积极宣传试行。有些高校管理专业的教科书中也已增设了人性化管理章节。人性化管理理论与我国当前努力建设和谐社会的目标不谋而合。毫不夸张地说,在理论界和实业界,人性化管理的时代已经来临。

　　面对如此良机,模具行业更应积极响应,秉承人性管理理念,以符合人性,符合人道的精神,真正做到顾客就是上帝的承诺,本着一切为了客户满意的虔诚态度,一改过去多年奉行的被动服务为主动服务,诚实守信,积极主动、及时迅速地搞好售后服务。这无疑将提高客户的满意度,提高企业的诚信度、美誉度,从而赢得客户、赢得市场、赢得效益。如能确定执行主动、及时、快迅的售后服务,可以肯定,对模具行业走出困境,求得发展与繁荣具有十分重要的意义。

　　必须强调,这里倡导的主动、及时、快速的售后服务,绝非老生常谈,而是推陈出就,贵在主动。其意义就在于,模具行业实行人性化管理,由生产型经营转变为服务型经营,变以往的被动服务为主动服务,主动上门到客户生产现场维修模具,为客户生产保驾护航。显然,主动、及时、快速的售后服务较以往的被动服务更上一层楼,水平更高,客户更满意。它不仅大大提高了售后服务水平,而且还延长了模具使用寿命,更重要的是这二者都直接提高了模具质量,改善了模具行业的质量管理。可以说,主动、及时、快速的售后服务是前瞻性的更高阶段的人性化的理念和形式,是企业界今后发展的潮流,是必须奉行的法则,是卓有成效的明智之举。

第十章 综合管理

前面九章以实用为原则,从模具行业生产经营特点及存在的问题入手,对企业各项管理的突破点、侧重点及具体措施,分门别类地做了简明扼要的论述。其中技术性较强的章节,论述较为详实。

本章则从全局出发,综合论述企业总体管理的理念及措施。企业总体管理理念及措施是企业各项管理的基础与依据,是企业总体管理的方向与目标,对企业管理具有指导意义。

一、构建和谐的企业文化

(一)企业文化与企业精神

企业文化是企业员工的家庭伦理、职业道德、价值取向及团队精神。企业文化的核心是团队精神,因此,企业文化又称企业精神。企业文化是企业员工工作多年,在特定的环境中,在变幻不定的社会、企业、领导、员工等各种关系的相互作用下逐步形成的行为准则。企业文化也是中国远古儒家以人为本的传统思想的复归,是西方中世纪文艺复兴运动倡导的人文主义在现代的体现,是近代心理学、行为科学理论成功的实践。

企业文化的实质是以人为本的人本主义,也就是符合人性的人道主义。在人道精神的导引下,企业成为全体员工的利益共同体。它对激励员工工作热情,促进企业的发展与繁荣是至关重要的。

在前面人才管理中,已着重论述了企业文化对员工的激励作用。本章则重点讲述构建企业文化的具体措施。

(二)构建企业文化的措施

鉴于企业文化的重要作用,模具行业也必须根据企业规模、员工素质、内外环境等具体条件,构建适合自己的企业文化。综合考虑上述一般的实际条件,适当借鉴国外经验,设立工厂管理委员会是模具行业比较理想的措施。

例如,工厂管理委员会下设机构及职能:

(1)管理组

参与企业某些立法、审议、监督、质询事项。

(2)智囊组

承担企业各项管理的建议及咨询事项。

(3)文化联谊组

负责员工文体娱乐、友情联谊、团拜家访、意见沟通、矛盾调解等事项。

(4)生活福利组

负责改善员工生活条件、福利待遇、困难互助等事项。

工厂管理委员会独立行使法定的职权或行使领导授予的某些职权,或协助有关部门开展工作。工厂管理委员会的职能,实行分组草拟、全体议决、分组实施的机制。

通过上面的论述可知,工厂管理委员会是企业领导的助手,是有关部门的补充。它强化和体现了企业的民主管理。更重要的是,它成为企业文化的载体。通过工厂管理委员会的活动,孕育、造就、展现了独特的企业文化,从而有益于企业形成和谐的人际关系;有益于形成愉快的工作氛围;有益于造就企业共同的道德观、价值观;有益于同化员工的工作态度、精神风貌;有益于激发员工主人翁责任感、荣誉感、幸福感、安全感。总之,有益于形成良好

的企业文化,强大的企业精神。

企业文化的作用是十分巨大的,它是现代企业实现人性化管理最重要最有效的措施。20世纪70年代,西方学者在东西方企业管理的对比研究中,得出东西方管理的差异及优劣,找到了日本经济腾飞的原因。因此,西方发达国家的企业纷纷仿效日本模式,形成构建企业文化的热潮。美国国际商用机器公司最早确立了尊重员工、顾客至上、品质卓越的企业精神,至今坚守不渝。在企业精神的导引下,美国国际商用机器公司雄霸全球,终成大器。

美国国际商用机器公司的企业精神,代表了西方发达国家的企业文化,体现出共同的价值观念和道德观念。这就是,追求卓越的产品、工作质量,追求愉悦的工作环境。这些成功的范例,值得我们借鉴。

二、应用科学理论优化企业管理

(一)科学理论对企业管理的重要性

科技与管理是驱动经济腾飞的两个巨轮,这一科学命题已为18世纪英国产业革命以来世界经济发展的事实所证明,已被全世界普遍接受。尤其是本世纪60年代电子计算机的普遍应用,大大加强了科技与管理水平的提高,从而使世界经济有了突飞猛进的发展。经济的发展又促进了科学技术的进步及管理水平的提高。科技、管理与经济的相互促进,形成世界宏观范围上的良性循环,从而使世界科学、技术、文化及经济迅速迈向现代化。

由此可见,现代化的科学管理对经济发展的作用是十分明显而巨大的。

基础理论的研究及科学技术的发展,为企业提供了越来越多行之有效的管理手段。继泰勒创立了传统的工业工程之后,行为科学优选法、统筹法、库存论、决策论、全面质量管理、系统工程、价值工程、管理工程等一系列科学管理理论及方法相继确立,而且广泛运用于技术经济及其他领域,并取得了明显的效果。

在模具行业,全面质量管理开展较为普遍,取得了一定成就。工业工程稍晚,也有部分企业开展了工作研究。这两种科学理论的普遍应用,已初见成效。本节重点论述价值工程,即价值分析技术的特点及对企业管理的优化作用,并对与模具行业较为实用的现代管理理论及方法作简单介绍。

(二)现代管理理论及方法简介

1.工业工程

工业工程是现代管理理论中涵盖范围最广,涉及领域最多的一门边缘学科,与价值工程、全面质量管理,合称现代管理三大支柱。工业工程作为独立的概念,虽然出现较晚,但究其渊源,却是一门非常古老的学科。数百年来,从最初的方法研究发展至今,研究范围不断拓展,应用领域日益扩大,已成为一个最庞大的理论体系。

工业工程借助于行为科学、系统理论、价值分析、全面质量管理、决策论、运筹学、线性规划等科学理论与方法,对企业、工程、作业的运作与控制进行全面的规划与设计。工业工程主要内容如下图:

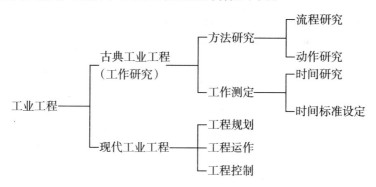

图　工业工程

应用工业工程理论及方法,可提高企业各项工作的标准化水平,可提高效率,降低成本,可提高企业生产能力、竞争能力,从而使企业获得持久稳定的发展。

2.系统工程

系统工程也是一门源远流长,成为当今规划、组建、管理工程方面的科

学理论与方法。它把众多相互独立而又有所关联的事物,看作一个有机的整体,运用信息论、决策论、运筹学、线性规划等理论方法,系统地进行规划、组织、管理、控制。从而使人力、物力、财力发挥最合理、最有效、最经济的作用,以实现整个系统的最大效益。

系统工程的主要特点是:

(1)其研究对象是众多课题组成的大系统。

(2)其目的是整体优化系统。

系统工程在科学研究、教育规划、农业规划、经济发展、工程建设、交通运输及军事领域都得到广泛应用。掌握系统观点,应用系统分析,可使企业各项工作得到全面优化与提升。

3.可行性研究

可行性研究是利用系统原理及数理分析等科学方法,对工程项目、重要方案等研究课题事先做出是否可行的论证与评估,为重大决策提供科学依据,从而避免盲目投资,盲目施工,避免举措失当,合理、高效地利用人力、物力、财力,争取最大的经济效益和社会效益。因此,可行性研究是一种预测性的科学方法。

可行性研究的应用范围十分广泛。其主要研究内容包括:

(1)方案的背景及延并;

(2)方案的利弊分析及判断;

(3)软硬环境条件的总体分析;

(4)人才、能力的技术性分析;

(5)资金、成本的数理分析;

(6)投入、产出总体效益分析。

应用可行性研究,企业可避免决策的盲目性,提高决策的科学性,从而提高投资回报率及解决工程的规划与布局,原料、产品及资源的配置,生产作业计划调度,交通运输及物流线路的统筹设定。因此,线性规划具有很强的实用性。

4.回归分析

回归分析是数理统计学中应用最多的一种方法。它所研究的对象是随机变量,利用回归分析,表达因变量、自变量关系的函数式,一般称为回归方程,根据变量的多少,又分为一元回归方程和多元回归方程,这种回归方程习惯上称为经验公式。

利用回归分析法,可解决很多部门的实际问题。在工业企业,可解决生产计划、劳动定额、产品质量、生产成本等许多管理工作中遇到的问题。

5.相关分析

相关分析是利用相关图,研究分析两个变量之间是否相关的方法。相关图又称散布图,就是把已知数据以点的方式置于坐标图中,根据点阵分布的趋势和倾向,分析确定因素之间的相关状态。一般说,相关状态有以下几种情况:

(1)强正相关;

(2)弱正相关;

(3)强负相关;

(4)弱负相关;

(5)非线性相关;

(6)不相关。

相关分析法也是许多现代科学管理方法的基本手段。利用相关分析,可明确不同因素间的确切关系,并按线型建立数学模型,从而科学合理地解决问题。

6.数据处理技术

数据处理技术,是在已有数据资料进行分析计算过程中,对残缺、不理想的数据资料,用技术手段进行适当处理,使之完整并呈现一定趋势或利用数理统计原理及方法,将运算过程化繁为简,从而使问题得以顺利解决。

数据处理技术,作为一种辅助性技术手段,广泛应用于现代管理各种理论与方法。例如,在相关分析、线性规划、工业工程、系统工程、价值工程中都是必不可少的。

常用的数据处理技术有以下几种:

(1)平差法

即以不完整的数据资料作散布图,根据点阵趋势,用平均差数的方法修匀不理想处,以此确定线型,从而求得函数式。

(2)平均法

即以不完整的数据资料作散布图,根据点阵趋势,直接在缺口处用平均距离的方法补足所缺数据点,以此确定线型,从而求得函数式。

(3)公比法

即以不完整的数据资料作散布图,从其中较完整的部分数据中求得公比,以该公比推算出残缺数据,确定线型,从而求得函数式。

(4)分组平均待定系数法

将已有数据依序平均分成两组,并代入既定公式,直接求得经验公式,从而简化计算。

(5)多因素一元化处理法

又称因数相乘法,即将多因素问题化为单因素问题的方法。也就是把多元方程化为一元方程,求得经验公式,从而简化计算。

依据数理统计原理及方法,数据处理技术在许多部门的规划、设计、筛选、优化、预测、评估及日常管理工作中都发挥了很重要的作用。因此,数据处理技术是非常实用,非常有效的。

7.三问法则

国外管理方法。即一个新部门、新岗位、新项目,在计划设定之前,必须经过三问方能通过。

(1)是否可取消

即该计划是否有明确而充足的理由,否则应取消。

（2）是否可合并

在有必要设立的情况下,该计划是否可并入其他部门、岗位、项目,如有可能,则应并入。

（3）是否可简化

在不可合并的情况下,该计划是否可简化,如有可能,则应简化。

认真实施三问法则,可避免机构重叠、人浮于事,可避免拖拉扯皮、事倍功半,从而实现精简、高效的办事效果。

8.需要层次论

需要层次论是行为科学的基础理论。该理论认为,作为社会人,对生活的需要,从低到高分为五个层次。

（1）生理需要

即对衣食住行及配偶的需要。

（2）安全的需要

即对工作、收入、居住、生活稳定与安全的需要。

（3）社交的需要

即情感、友谊、社团归属的需要。

（4）成功的需要

即学识、事业、抱负获得成功的需要。

生理需要是社会人最低的最必需、最强烈的需求。只有当生理需求满足后,才有可能产生其他较高的需求。一个社会如果不能满足社会人的生理需求,极易引起较严重的社会问题。

社会人的需求具有普遍性。此外,社会人的家族背景、文化、职业、地位等因素,也对需求层次产生影响。

总之,需要层次理论研究,揭示了社会人的行为与动机的关系。这就提示各部门管理者,必须认真依据该理论,通过逐步满足员工各种需求,从根

本上调动人的工作热情,从而提高工作效率。

9.行为科学

行为科学是从人类学、社会学、心理学的角度研究人类行为的科学。在国外,行为科学已广泛运用于社会活动的各个领域尤其在管理领域的应用,卓有成效,由此而形成另一相关学科——管理心理学。

行为科学的主要内容有:

(1)社会人的需求、动机、激励理论;

(2)X—Y 理论;

(3)人际关系论;

(4)领导艺术论。

行为科学的产生与应用,使早期古典科学管理逐步发生变化,向现代人性化管理发展。它改变了原来把人当做机器驱使的状况,构建全新的以人为本的尊重人、关心人、满足人的人文主义管理理念及方法。其作用具有划时代的意义。

应用行为科学理论,有利于管理者从理论高度上积极推行人性化的以人为本的管理模式,有利于从根本上调动、发挥人的工作热情,使员工自觉自愿、认真负责、心情愉快地从事工作。因此,行为科学具有十分重大的现实意义。

10.终生雇佣制

终生雇佣制是以日本为典型的用工制度。即只要企业不倒闭,员工没有特别重大的过失,则终生保持雇佣关系。

终生雇佣制的特点是,雇佣前严格考核,雇佣后认真培训,有些企业则实行终生培训,以不断提高员工职业道德及工作技能。同时,在员工住房、交通、子女上学等生活方面,尽力提供保障与方便。在工资奖励方面,实行年功序列制及计件制。另外,还辅之以红包、股金、荣誉待遇等,使员工获得比较公平、合理、稳定的工作报酬。

终生雇佣制,一方面使企业获得稳定的高素质的员工队伍,另一方面使员工获得归属感、安全感及工作责任感。企业与员工各得其所,形成同舟共济的利益共同体。因此,充分借鉴国外成熟的人性化的管理经验,使企业以稳定的、廉价的、高素质的员工队伍驰骋于市场,从根本上保证企业的发展与繁荣。

11.企业的高级组织形式

在西方经济发展过程中,当企业达到一定规模,面对激烈的市场竞争,为了共同的利益,企业之间必然形成按共同达成的协议或固定的组织章程进行统一的经营活动。这些协议、章程、组织就是企业的高级组织形式——垄断组织。其目的就是垄断市场,以获得更大的利润,根据垄断的不同程度及范围,垄断组织主要有下列几种形式:

(1)辛迪加

垄断组织的初级形式。是指生产同类型产品的企业按协议组成的机构。通过统一的原料采购价格及产品价格,垄断原料及产品市场。其目的就是以较低的价格买进原料,以较高的价格出售产品,从而共同获得巨大利润。企业在法律及其生产经营活动上仍保持独立。所以这种垄断组织又称为价格同盟。

(2)卡特尔

垄断组织较高级组织形式。是指生产同类产品的企业,按协议规定统一原料采购、生产规模、产品销售、员工雇佣等经营活动。企业在法律、商业、生产活动上仍具有独立性。但在经营活动的统一性、垄断性上较辛迪加更严格。

(3)托拉斯

垄断组织的高级组织形式。由生产同类型产品的企业合并组成,原企业成为托拉斯的分支机构和股东,丧失了独立活动权,一切生产经营活动均由托拉斯董事会统一管理。各股东只是按命令行事,并按股分红。

因托拉斯是同类产品行业最高垄断形式,对市场有近乎绝对的操控能

力。因此,它可轻易地获得巨大的超额利润。

(4)康采恩

垄断组织的最高形式。是指一个国家范围内,由大企业、大公司、大银行等不同行业、不同部门共同组成的联合体。形成生产、销售、融资、投资等众多领域合作经营的最大的利益集团,高度垄断国内生产、商业市场,从而获得更稳定的超额利润。

(5)跨国公司

即国家间的垄断组织。是由几个国家的垄断组织共同组成的,故又称国际托拉斯或国际康采恩。其目的是共同垄断某些地区的国际市场,从而在国际上获得超额利润。

世界经济发展史证明,当企业发展到垄断组织时,其经营活动必然具有两面性。一方面,当垄断组织尚未垄断全行业,独霸整个市场时,其经营活动对国计民生的改善与提高,仍有一定积极推动作用;另一方面,当垄断组织垄断全行业,独霸整个市场时,其经营活动对国计民生的改善与提高,必然产生阻滞与破坏作用。因此,企业一旦形成高度垄断,破坏国计民生时,国家必然坚决通过行政或法律手段强行干预,勒令拆解。

因此,借鉴国外企业高级组织经营方式,必须防止垄断组织有害的一面,而仿效其有利的一面。企业一方面可在自身做大做强的同时,通过横向兼并、合并或以协议为纽带,组成松紧适度的联合体,以实现共享技术专利,共享工艺装备,统筹生产品种、数量,调剂资金、物资余缺,从而迅速提升企业综合实力和竞争能力,保证企业的发展与繁荣。

(三)价值分析技术的特点

价值分析理论是一门现代化的管理技术。与其他管理技术比较,有许多显著的特点。

价值分析技术初创于 20 世纪 40 年代。第二次世界大战时期严酷的政治、军事、经济形势,大大促进了价值分析技术的创立与应用。60 年代,价值分析技术已臻于完善,并得到广泛的应用。由此可知,从价值分析技术的创立、应用到发展看,它是在特定的历史条件下应运而生的,因此,它具有十分明显的实践性。

价值分析技术是一门技术经济理论,属边缘学科。其定义大致可表述为:价值分析是以最低的总成本,实现产品、劳务、工作系统必要功能的综合性科学。它以产品、劳务、工作为对象,以提高价值为目标,以功能分析为核心,采用有组织的活动,广泛地应用于技术经济活动的各个领域。由此可知,它不仅是一门边缘学科,而且是一门应用技术,具有广泛的实用性。

价值分析技术有自己特有的规定性,明确地规定了它的研究对象、目标、方法、手段,并具体规定了完善的工作程序及科学的数学模型。因此,使价值分析技术具备了良好的可操作性。

由于价值分析技术所具有的实践性、实用性及可操作性,大大地促进了它的应用与发展,使它成为当代最有价值的一门管理技术,并日益受到人们的重视。

与其他管理技术比较,价值分析技术也有其独到之处。

工业工程把人、财、物当做一个整体,统筹兼顾,用最佳的制造工艺和工作方式,以满足设计及给定的要求。毫无疑问,工业工程是提高工作效率,降低成本的有效的管理技术。但因工业工程是以给定的图纸及条件为前提,因此,对提高效率,降低成本的作用有一定局限性。

全面质量管理及质量保证体系是通过全面的质量保证体系,保证产品质量,减少制造损失,从而降低成本,提高效益的一门管理技术。但它同样是以给定的图纸及条件为前提,因此,它对提高经济效益的作用也是有限的。

与上述两种管理技术不同,价值分析技术不受图纸及综合条件的限制,从功能研究入手,评审图纸设计、材料选用、工艺方案、包装运输等全过程,从全过程中彻底消除不合理因素,从而优化全过程。显然,其优选作用具有全面性,所以,价值分析技术是保证功能、降低成本、实现技术先进性与经

济合理性的统一,从根本上最大限度地提高经济效益的一门现代化的管理技术。

综上所述,由于价值分析技术具有上述特点,因此,在企业管理及经济建设的各个领域都得到广泛的应用,并取得了显著的效果。

(四)应用价值分析技术优化企业管理

企业的生存与发展,有赖于它是否能够取得足够的利润。而只有当企业向社会提供物美价廉的产品时,才能实现利润。为此,企业必须保持固有产品,适时更新换代,并不断开拓新产品;及时采用新设计、新工艺、新材料、新设备、新的管理技术;努力提高产品质量,降低生产成本;不断提高经济效益,适时扩大再生产,使企业的经营活动在良性循环中持续发展。这种局面,是企业在上述所有技术经济活动中,始终保持技术先进性与经济合理性统一的结果。这也正是价值分析技术所追求的目标。

由此可见,价值分析技术对企业技术经济活动的优选作用是十分重要的,其意义就在于,它可以使企业从多种可行方案中优选出最佳方案,从而实现技术先进与经济合理的统一。

价值分析技术对企业技术经济活动的优选作用,及应用范围是十分广泛的。具体表现在以下几个方面:

1.优化图纸设计

从宏观角度看,我国积极推行技术设计标准化、通用化、系列化政策,是价值分析的技术在技术经济领域最重大最典型的应用,是我国最成功的一项技术经济政策。执行标准化、通用化、系列化设计,剔除了多余的不合理的规格型号,优化了装备的零部件、整机及所用材料,最大限度地提高了产品功能,提高了生产效率,降低了生产成本,减少了人、财、物的投入,从根本上保证了产品技术先进性与经济合理性的统一。

从微观上讲,在技术设计工作中,相对而言,工程技术人员多年来重技术、轻经济,缺乏价值观念,只重视装备技术功能的先进性,较少考虑经济合理性,从设计上就造成一定浪费。引入价值分析技术后,设计工作从下达设计任务书到技术设计,工作图设计,始终在价值分析技术的指导下,确定结构,选用材料,使图纸设计工作全过程实现技术先进性与经济合性的统一,从而有效地实现功能,降低成本。据统计资料综合分析,产品成本的70%是由图纸设计所决定的。由此可见,运用价值分析技术优化图纸设计的意义是十分明显的。

2.优化工艺设计

在工艺设计工作中,多年来工艺人员同样存在着只重视实现图纸要求,轻视经济合理性的倾向。在设计工艺时,从多种可供选的方案中,着重选取技术上最保险的方案,较少考虑工艺成本,势必造成一定浪费。影响企业经济效益。运用价值分析技术,可使工艺方案在满足图纸要求的前提下,尽量加大机加工系数,缩小钳加工系数;减少工作场地及设备的占用,减少设备费用及工时费用,减少再产品的资金占用;增加材料利用率,设备利用率及工时利用率,从而极大地消除浪费,减少投入,降低产品成本,有效地增加企业的经济效益。

3.优化各项管理

作为一种应用技术,价值分析技术不仅可优化图纸、工艺设计,同时还可用于各项管理。如运用价值分析的技术优化经营决策,使企业在总体战略上避免盲目性、被动性,长期稳定地获得经济效益;优化生产管理,使企业生产按比例性、节奏性、均衡性的要求顺利运行;优化产品结构,使企业新老产品适销对路,永保最佳寿命周期;优化质量管理,使产品物美价廉,称雄市场;优化设备管理,及时淘汰、引进设备,使企业设备保持技术经济最佳状态;优化物资管理,使企业以最小的库存量满足生产需要;优化资金管理,使企业以最小的资金占用量,获取最大的经济效益;优化定额管理,使企业各项定额保持先进合理水平。

总之,运用价值分析技术,可使企业经营决策、业务管理、生产管理、产

品质量管理等诸多方面获得明显效益。

综上所述，价值分析技术对企业管理的优选作用及其效果是十分明显而巨大的。为此模具行业应积极采用价值分析技术。为避免形式化、庸俗化，企业有必要确立一套相应的组织程序，以保证价值分析技术对企业管理的优选功能。首先，企业应组织各类人员进行理论学习，以树立价值观念，掌握价值分析技术；确立业务系统及评审、考核制度，由厂长、经理统筹，各总师分口把关、严格监督审查，确保价值分析技术的有效贯彻。这样，在各类人员掌握价值分析技术的基础上，辅之以组织措施，并使之程序化，从而保证充分发挥价值分析技术的优选功能，全面优化各项管理，使之现代化，最终使企业获得可观的经济效益。

三、实现管理现代化

国外研究表明，管理的改善与进步，对经济发展的推动作用，比技术进步的作用更大。因此，我们有理由下大力气，不仅要搞好企业各项管理，更要搞好企业综合管理，并通过综合管理的指导作用，最终实现企业管理现代化的目标。管理现代化是企业生存发展的需要，是员工安居乐业的需要，是时代改革开放的需要，是时代文明进步的需要，是复兴中华民族的需要。

管理现代化要求，企业必须实现管理理念现代化，管理方法现代化。

(一)管理理念现代化

行成于思。要想实现管理现代化，首先必须实现理念现代化，即管理思想观念的现代化。管理理念现代化，大致包括以下内容：

1.民主管理理念

企业民主管理的实质，是员工参与管理，即权力共享。为此，企业不仅要实行已有的职工代表大会等民主制度，还应借鉴一切有益的理念及措施。例如，分散、下放权力，领导集中决策的理念及设立工厂管理委员会，由员工直接参与管理的措施。

实行民主管理,必然激发员工真正的主人翁自豪感、责任感,使员工自觉自愿最大限度地努力工作,创造奇迹。实现民主管理是企业管理现代化的标志,是社会进步的表现。

2.以人为本的理念

人为天地万物之灵。企业管理以人为本,就是要以人道、人性为宗旨为原则,一切以人为出发点,一切以人为落脚点。尊重人格,关心生活,知人善任,尽其所能。尽量满足员工精神物质需求,使员工安居乐业。

以人为本的理念,是日本经济发展奇迹给予世界的启迪,是人性化管理优于科学管理的证明,是心理学、行为科学在世界范围内最成功的实践,是中国儒家传统思想在全球复兴的前奏,是人类社会文明进步的标志。

3.系统管理理念

系统论是一门现代化管理理论。系统论把相互独立而又关联的事物看作一个工作系统,从整体出发,应用系统分析、数理运算、系统评价等科学方法,对人流、物流、信息流给予既定性又定量的科学评价,从而选优汰劣,求得最优方案。

模具行业应根据系统论原理,树立系统管理理念,从整体上,从根本上,最大化地优化企业生产经营、技术设备等一切管理,最终实现企业管理的现代化。

4.战略发展理念

人无远虑,必有近忧。古训昭昭,与战略发展理念不谋而合。

所谓战略发展理念,有两层含意。首先,企业必须有整体发展的观念,进而确立企业发展的方向、目标及措施,它是企业未来发展的思路和规划。其次,企业在决定当前各项工作之前,必须具有长远发展持续获利的眼光。也就是说,现在的工作必须是未来的基础与铺垫,现在的工作必须有利于将来的发展和长久的利益。

对处于困境的模具行业而言,战略发展理念具有十分重要的意义。它是

企业发展的方向与目标,是企业当前工作的指导方针和思维方式。它有助于企业避免盲目与短视行为,避免顾此失彼与因小失大,避免误入歧途而积重难返,从而更合理有效地做出科学的经营决策,求得企业持久稳定的发展与繁荣。

(二)管理方法现代化

实现企业管理现代化,在确立了现代化理念后,还必须具有现代化的管理方法。它包括现代化管理体制及手段。

1.现代化管理体制

简言之,现代化体制应具有充满人性色彩的合理的组织机构、规章制度等运作机制。从根本上防止各项工作重叠低效、盲目无序、随机性、随意性,保证企业精简高效、统一有序、稳定和谐的运作。

2.现代化管理手段

现代化管理手段是指管理微机化。即企业通过对软硬件的配置与改进,实现微机管理。当今,微机化管理在发达国家早已实现,并正向人性化管理发展。

就模具行业而言,微机化管理尚需时日。目前,多数企业只是用几台电脑,作为资料存储,以供查询或作为计算器,做简单运算而已。微机化管理的意义和作用,在于通过微机程序对各种信息进行分类存储及传递,以实现信息化管理;对数据资料进行分类存储及数理运算,以实现数据库管理;对图纸、工艺等技术文件资料,通过微机程序,以实现计算机辅助设计;对日常生产、工作业务进行计划、传达、反馈,以实现办公自动化。

模具行业企业管理现状,与现代化管理差距较大。但现代化管理是企业管理的方向与目标,是企业发展的必由之路。因此,模具行业应当知难而上,努力逐步实现管理现代化,以推动企业的发展与繁荣。

第十一章 发展战略

纵观模具行业发展状况,尤其是新中国成立初期至 80 年代建厂的专业模具厂,因客观及自身原因,在生产经营活动中形成许多特点,存在很多困难与问题。从长远发展的观点看,模具行业远不止这些困难与问题,还存在着更大范围更深层次地隐患与忧虑。

因此,我们必须有清醒的头脑,高瞻远瞩的目光,持续发展的思路,坚定的信念及明智的举措,在未来的发展进程中,沉着冷静地迎接挑战,战胜重重困难,不失时机地抓住一切机遇,扬长避短趁势而上,从困境中崛起,求得发展与繁荣。这是我们模具行业刻不容缓,必须认真思考全力应对的头等大事。

本章将逐一分析这些隐患与忧虑,并提出相应的对策,即模具行业的发展战略。

一、发展中的隐患与忧虑

模具行业在未来的发展过程中,所存在的隐患与忧虑,表现在更大范围上及更深层次中。较以往存在的困难与问题更为严重。这些隐患与忧虑,主要表现在两个方面。

（一）自身原因

1. 经济实力微弱

因模具行业在工业经济中重要的基础地位及其对其他行业的促进作用，在计划经济时期，国家为控制与模具有关的整个生产链所有企业的生产成本，以降低终端产品的价格，对模具行业执行薄利经营、负债经营，直至允许政策性亏损的经济管理政策。在这种体制及政策的制约下，模具行业不以盈利为目的，只讲贡献，只讲服务，经济效益低于社会效益。因此，员工收入微薄。据局部统计，在机械行业中，模具企业员工工资收入排名最后。模具企业也必然资金紧张，常以贷款勉强维持生产，经济实力微弱，严重地制约了模具行业的发展。

2. 缺乏创新精神

因多年来国家对模具行业实行薄利经营，负债经营及允许政策性亏损的政策，在这种政策的影响下，模具行业只有执行计划，按"五定"行事，无须也不可能自主经营。终因无利可图，因循守旧，思想僵化而无所作为。久而久之，最终导致缺乏创新精神，严重地影响了模具行业的生存与发展。而且，这种因计划经济时期的政策导致的不良状况，因模具行业在工业经济中的基础地位，较其他行业更为严重。

3. 人才流失严重

因经济效益低下，员工收入微薄。所以，人才难聘，人才难留，自己培养的人才也择机跳槽。虽采取过一些措施，亦无济于事，难挡外界吸引力。专业技术人员、高级技工、熟练工纷纷调离，人才流失严重。设计人员、管理人员、钳工、铣工频频告急，严重地影响了企业的设计能力，制造能力，技术改造能力，直接导致企业技术水平停滞落后。

4. 生产工艺装备陈旧

因经济效益低，模具行业举步维艰，勉强维持，无力对生产工艺装备进行升级换代，更新改造，直接导致生产工艺装备陈旧落后。多数设备带病工作,不仅效率低,精度差,还存在诸多安全隐患。严重地影响了企业的生产进度,产品质量及人员设备的安全,形成老牛拉破车的状况,企业失去竞争力。

5.难启改革行程

模具行业因多年经济效益低下,负债累累,人才、技术、装备、资金极度匮乏。面对改革大潮,弱势凸显,心有余而力不足。企业转制、工资改革、住房改革、医疗改革等一系列改革,进展缓慢,举步维艰,难启改革行程。其中产品厂的模具分厂有总厂作后盾,尚可推行。专业模具厂则无所依托,有些已被迫挂靠、兼并,以致破产,多数企业陷入困境。

总之,以上五个自身原因,致使模具行业在改革大潮中,举步维艰难有作为。

(二)客观原因

1.经济体制转变的影响

在改革开放前,国家对工业企业执行"五定"管理政策,其他行业既无生产模具的必要,亦无生产模具的能力。因此,模具行业的生产任务及销路均不成问题,只要按生产计划完成生产任务即可,无生存与发展之虞。

改革开放后,经济体制由计划经济转变为市场经济,国家对企业实行自主经营,自负盈亏的政策。因此,其他行业必然从经济利益考虑,无心外委,积极自主开发生产模具。再加国家逐年培养的大批模具专业技术人才,不断充实到各行各业,使许多企业具备了生产模具的技术能力。总之,由于这两方面的原因,模具行业面对客户日益缩减的市场,虽四处承揽订货,终归任务不足,生产难以为继,陷于停产半停产状态。

2.机械行业生产能力过剩

新中国成立以来,因国内外形势需要,国家一直实行优先发展重工业的方针。因此,机械行业作为整个国民经济的基础,在国家产业大格局中占有很大比重。聚集了庞大的人力、物力、财力,形成巨大的生产加工能力。

随着冷战时期的结束,国际形势发生重大变化。国内经济也随着改革开放,大力调整产业结构。在国内外政治经济大格局双重转换重组过程中,机械工业因加工能力过剩而日渐萎缩。面临政策性、体制性、结构性大规模整合、重组、并购、破产的趋势,许多企业处于停产半停产状态。模具行业也不例外,陷入更加艰难的困境。面对整个机械工业加工能力过剩,又逢模具市场萎缩,僧多粥少,任务严重不足,生产断断续续难以维持。即便是改制后的企业,亦无重大起色。

总之,模具行业在生存与发展过程中,因主观及客观两方面的原因,还存在深层次的隐患与忧虑。迫使模具行业不得不痛下决心,知难而上,从发展战略的高度寻找突破口,以求得生存、发展与繁荣。

二、发展战略

知己知彼,百战不殆。根据模具行业多年发展状况,生产经营特点及存在的困难与问题等实际情况,根据国家当前改革开放的形势及机遇,根据国内外企业成功的经验,根据最新科学管理理论,模具行业要想走出困境,求得发展与繁荣,就必须在生产经营活动中,确立正确的发展战略,练好内外功,扬长避短,把握机遇,奋力拼搏。

综合以上论述,模具行业应当确立如下发展战略:

(1)实施以人为本,人才制胜的根本大计;

(2)以"四胜"精神坚守传统阵地;

(3)拓展锻件、冲压件生产业务;

(4)自主开发适宜模具生产的产品;

(5)组建航母级模具企业;

(6)努力构建现代化企业。

以上六项战略,由易而难,步步为营,稳中求胜。应当说,这是经过深思熟虑,再三斟酌,较为合理,较为稳妥,因而是确实可行的发展战略。

（一）实施以人为本，人才制胜的根本大计

在管理要则及人才管理中，已论述、强调了人才对企业的重要性。在此，还必须把它作为企业的发展战略，作为企业的根本大计，作为企业的头等大事，进一步加以论述。

实施以人为本的战略，关乎企业的生存与发展，关乎员工的切身利益，关乎中华民族的复兴。实施以人为本的战略，是企业现代化的要求，是时代步入人性化管理的标志，是社会文明进步的结果。

实施以人为本的战略，就是要本着人道主义、人性化原则，一切以人为出发点，一切以人为落脚点，尊重人，关心人，知人善任，尽其所能，最终达到人人安居乐业。

实施以人为本的战略，企业必然能招致人才、留住人才。必然能岗位成才，人人成才。必然使企业人才辈出，必然使企业充满活力，必然使企业增强实力。

实施以人为本的战略，企业必然能够以人才制胜，优化各项管理，实现管理现代化，实现稳定的发展，实现持续的繁荣。

总之，以人为本，人才制胜，是企业首要的发展战略，是企业的根本大计，是企业的头等大事。

（二）以"四胜"精神坚守传统阵地

鉴于模具行业在工业经济中重要的基础地位，日益广阔的发展前景，多年积累的生产技术优势，毫无疑问，首先应当从内部挖掘潜力，发挥优势，扬长避短，以"四胜"精神，坚守模具制造传统阵地，扎扎实实地搞好在线产品，保持现有市场份额，作为战略发展的基础，作为最可靠的根据地。

"四胜"精神即：

（1）以快取胜

即在僧多粥少的情况下，抢占先机，突破客户萎缩、任务不足、加工能力过剩的困境，以最快的生产速度满足客户。

（2）以优取胜

即以优良的模具质量,以众多的模具生产单位中脱颖而出,赢得客户。

（3）以难取胜

即以生产别人不能生产的高难度模具,占领高难度模具领域,从而弥补生产任务之不足。

（4）以大取胜

即以生产别人无法生产的大型模具,占领大型模具领域,从而充实在线产品。

总之,认真扎实地坚持"四胜"精神,在客户缩减,竞争激烈的不利环境中,相信模具行业多数企业,会以我比你更强的态势,赢得客户,占领市场。并且为今后的发展积聚综合实力。

以"四胜"精神坚守传统阵地,是模具行业战略发展的根据地和出发点,是战略发展最稳妥最明智的第一步。

（三）拓展锻件、冲压件生产业务

充分发挥自身生产模具技术优势,在生产模具之余,向外部延伸产品链,直接生产由模具冲压的制件,如锻件、冲压件等。既满足了某些客户无力或不愿生产模具,即可直接快速获得锻件、冲压件的欲望,又发挥了自身优势,拓展了生产业务,增加了经济效益。

拓展锻件、冲压件生产业务,关键在于目光向外。模具行业必须扬长避短,充分利用自身优势,主动出击,突破无固定产品,无生产主动权的制约,向外延伸产品链,开辟新的生存空间,对模具行业具有非常积极的意义。

（四）自主开发适宜模具生产的产品

在市场调查和可行性研究的基础上,进一步发挥模具行业生产技术优势,继续向外延伸产品链。聘用或选拔设计人员,自主开发适宜模具生产的新产品或以锻件、冲压件为主的总成、部件,及一切适销对路的产品。这样,既拓宽了生财之道,又进一步求得发展,彻底扭转无固定产品,没有生产主动权的被动局面,使生产经营活动发生根本性改变。因此,模具行业不仅彻底摆脱困境,而且必将从激烈的竞争中崛起,迎来持续稳定的发展与繁荣。

(五)组建航母级模具企业

经济发展史昭示我们,中外所有知名大企业,无不由小而大,由弱而强,造就其辉煌的业绩。只有大型企业才具有巨大的人才、信息、技术、装备、资金等综合实力;才具有自主开发,强力推行的动力;才具有进退自如,左右逢源的能力;才具有长期周旋,抵御风险的耐力;才具有自我完善,持续发展的潜力。

因此,模具行业也必须由小而大,由弱而强。通过扩大、组合、并购等合法途径,聚集强大的综合实力,组建航母级模具企业,以雄厚的实力驰骋于市场,而立于不败之地,开创模具行业繁荣昌盛的新局面。

(六)努力构建现代化企业

现代化企业是经济发展对企业的要求,是当代企业发展的目标,是企业奋力拼搏的结果,是企业持续、稳定、快速发展的手段和保障。企业现代化是在企业不断发展壮大的过程中实现的。

现代化企业的标志,大约有以下几条:

(1)管理理念现代化;

(2)管理体制现代化;

(3)技术装备现代化;

(4)管理手段现代化。

因此,模具行业也必须牢记企业现代化的战略目标,牢记以人为本,人才制胜的发展战略,扎扎实实地搞好企业各项管理。在不断发展的过程中,抓住一切机遇,遵循既定的发展战略,由内而外,由易而难,步步为营,渐强渐大,逐步实现企业现代化。开创模具行业前所未有的持续、稳定、快速发展繁荣的新局面,为中华民族的伟大复兴做出应有的贡献。

参考资料

　　书中图例,多参考生产厂家制件图、热锻件图及成形工艺图,个别资料参考有关技术文献。在此谨向设计者、编者致谢。因资料采集来源广,时间久,故未能详列出处,顺致歉意。

后 记
——日本的启迪

　　脱稿后掩卷沉思，总感意犹未尽，故补而记之。40年间，行业发展历程与个人工作经历，相伴相生，息息相关。成功与挫折，喜悦与忧虑，恰如一团乱麻，剪不断，理还乱，万千思绪难已，时时感慨系之。

　　书中多次提到日本的经济腾飞及企业管理。其实，在整个写作过程中，有关日本的思绪始终萦绕在心，不可释怀。

　　纵观日本，就其国土资源与中国相比，国土狭小，天灾频发，环境恶劣，资源匮缺。就其历史文化与中国相比，日本未发展到铜器时代，就从中国传入铁器，而直接从石器时代跨过铜器时代进入铁器时代；直至八世纪仍没有自己的文字而使用中国汉字，至今所用文字，还沿用部分汉字，新创部分文字亦是改革之汉字；直至明治维新，农业、手工业、建筑业、教育、科学、文化、艺术诸业，几乎都是经历代遣华使，中国移民及中国政府交往使，由中国传入日本；在明治维新后，日本国力虽迅速发展，但因军国主义不断滋生、膨胀而发动侵略战争，使日本遭到灭顶之灾。

　　总之，一个自然条件恶劣，数千年落后于中国，在中华文明的影响下，亦步亦趋，第二次世界大战后变为一片废墟的日本，在经济上何以能迅速崛起，创造举世公认的奇迹？企业管理何以能够成功，被西方学者誉为胜过科学管理的日本的模式？

日本经济腾飞的奇迹及企业管理的成功,在当代学术界,是个绕不过去的话题,早已成为老生常谈。现在之所以提起它,是因为它与本书内容密切相关,确乎是有感而发。再者,本人思索多年,似有新意,故欲一吐为快。

战后日本经济所以能够腾飞,企业管理所以能够成功,集公论与己见,从战略层面讲,简而言之,大致有以下原因:

(1)美国的保护

战后在美国的卵翼下,无安全之虞,免去庞大军费负担,集中一切国力发展经济。环顾全球,非德、日莫属。

(2)朝鲜战争的刺激

朝鲜战争期间,源源不断的军需订单的刺激和扶持,使日本经济迅速起步,初具规模。

(3)教育优先的国策

在战后极端困难的情况下,首先确立教育优先的国策,并通过法律形式强制实施。使日本国民教育水平逐年提高,在国际上名列前茅,为经济腾飞储备了大量的人才。

(4)重视科技的国策

在科技发展过程中,实行先购买后研发的科技政策,使日本科技高效、平稳、快速发展,并后来居上,成为世界科技研发中心,为经济腾飞获得强大的科技动力。

(5)重视民族传统的国策

日本始终坚持奉行“东学为体,西学为用”的国策,维护、保留了源自中国优秀人文主义的民族文化传统,即使在美国的占领下也坚持不渝,造就了日本国民的认同感、责任感、使命感。使日本既学到了西方的科学技术,又保持了东方和谐的人际关系,造就了经济发展、企业管理的日本模式,使日本企业管理、经济发展别开生面、大放异彩,在经济上超速发展,直逼美国霸主地位。

(6)卧薪尝胆的国民精神

第二次世界大战失败后,国家、民族的损害与屈辱,被占领期间国民所遭受到的饥饿与贫困,人格、精神的痛苦与自卑,激发出日本国民卧薪尝胆,励精图治的精神,公而忘私发愤工作的热情,为经济腾飞造就了无穷的动力。

(7)重视国民健康的国策

在战后极端困难的条件下,制定了大力发展畜牧业,以法定的形式保证国民每天定量的牛奶供应, 随着经济的发展, 又制定了完善的医疗保健制度,使日本成为世界上屈指可数的福利国家。近代以来,日本国民身高的增长及平均寿命的提高,居世界前列,有目共睹,是日本重视国民健康的最好证明。这些务实有效、重视健康的国策,大大增强了国民的健康水平,为日本经济腾飞造就了优质的人力资源。

以上七条,多为公论,尤其第五条,西方学者誉为儒家资本主义,且纷纷效仿,已初见成效。事实证明,日本模式,即儒家资本主义,也就是人性化管理,胜过西方的科学管理。由此,学术界断言,当代管理科学理论,已由现代科学管理阶段迈入人性化管理阶段。

何为人性化管理? 以我之见,所谓人性化管理,即以人为本的人文主义、人道主义为主宰的科学管理。换言之,人性化管理就是重视科学,更重视人性的管理。

在管理科学理论发展的过程中,从经验管理到科学管理,管理方式由科学淘汰了经验;从科学管理到现代化管理,管理方式由包括行为科学在内的新科学理论替代了单纯的科学理论;从现代化管理到人性化管理,管理方式由以人为本的人性主宰了缺乏人性的科学理论。

由此可知,人性化管理是符合人文主义、人道主义,是最具有人性的科学管理,它和泰勒的科学管理同样具有划时代的意义。是由战后日本儒家资本主义成功的企业管理模式及经济腾飞的奇迹孕育而发端的, 是中国儒家优秀的传统思想与西方科学管理相结合的产物。于此, 我们不得不进而言

之，它也是中国儒家传统思想之所以能够复兴，并且在当代发挥作用的证明。

有人不以为然。那么，试看世界所有古代文明的衰落与断绝，唯我以儒家为主流的中华文明，延续五千年至今，从未断绝，且遐迩闻名，泽被四方；试看上世纪90年代，无可非议的世界精英，诺贝尔奖获奖者宣言，21世纪的人类要想继续进步，就必须到东方向两千年前的孔子学习智慧；回头再看，当今遍布全球势如潮流般发展的孔子学院，我们还可以无动于衷，不以为然吗？我们不应该沉思，不应该反省，由此而心怀敬畏，起而奋进吗？

我们应该说，由中国儒家优秀的传统思想而发端的人性化管理，是当代最合理、最完善，从而也是最科学、最有效的管理模式，是企业管理已崭露头角的发展趋势，在可以预见的长时间内，是企业管理的最高阶段，最高境界。

他山之石，可以攻玉。科学是没有国界的，成功的日本模式，可资借鉴。面对如此潮流与机遇，模具行业应当毫不迟疑地乘势而上，认真学习国内外一切科学理论及成功经验，遵循人性化管理理念，努力实现企业现代化，按既定的发展战略，逐步走出困境，开辟发展繁荣的新局面，与时俱进，共同实现中华民族的伟大复兴。